Nobook
Backstage

Daniele Panteghini

Il concerto perfetto

A cura di Tatiana Carelli

NOBOOK

Titolo: *Il concerto perfetto*
Collana *Backstage*

Prima edizione: maggio 2016

ISBN 978-88-98591-18-3
©2016 Nobook
Email: info@nobook.it
Indirizzo internet: www.nobook.it
Progetto grafico: Kattelan

*Ogni riferimento a persone esistenti o a fatti realmente accaduti è
puramente casuale.*

"Ci sono molti modi per affondare, soprattutto due: uno col palpito, con la passione e uno senza. Auguro a tutti voi di trovare la vostra Moby Dick."
Paolo Rossi

Il concerto perfetto

Vi è mai capitato d'assistere a un "concerto perfetto"? Un evento magico dove tutto risponde secondo un atto d'armonia assoluta?

Non si tratta di un concetto astratto, legato all'emozione che si prova al vostro primo concerto della vita o alla smodata passione verso un artista.

Sto parlando di un evento oggettivo. Non solo i musicisti sono impeccabili nella loro esecuzione, ma di colpo si percepisce un'alchimia di suoni e sensazioni, coerenti ed esaltanti allo stesso tempo. In quel preciso momento ci si rende conto di fare parte di qualcosa d'assoluto.

Tutto ha un ordine, la melodia è ideale e per osmosi il suono va ad appianare le ruvidezze della vostra vita, levigandole con dolcezza. Realtà e arte si fondono e penetrano l'uno nell'altra senza alcuna frizione, regalandovi un senso di gioia, serenità e infine d'appagamento profondo.

Se sarete fortunati, probabilmente vi capiterà una sola volta nell'arco della vostra esistenza.

Al direttore d'orchestra Antonio Grimaudi era capitato ben due volte, ed entrambe nel giro di pochi mesi.

Erano stati questi eventi a scatenare in lui l'irrazionale ricerca che aveva lambito le rive dell'ossessione.

La ricerca

1.

Grimaudi era un uomo cresciuto a pane e solfeggio. Fin dalla tenera età era stato spinto dai genitori allo studio del pianoforte, e sin dall'infanzia aveva capito che la musica sarebbe stata il filo conduttore della sua vita. Con il passare degli anni aveva approfondito lo studio di diversi strumenti, fino a che, a ventotto anni aveva diretto giovanissimo il suo primo concerto.

Quando saliva sul palco, la prima cosa che si notava di lui era una zazzera di capelli che sfuggivano costantemente al suo controllo, associata a un fisico smilzo e asciutto che lo faceva assomigliare ad un mocio girato al rovescio. C'era un non so che di buffo in lui, almeno fino a che non lo si guardava negli occhi. Possedeva lo sguardo delle aquile; scrutava dall'alto del suo ego piccoli segni d'insicurezza dei suoi interlocutori, pronto ad attaccarli con parole affilate se lo riteneva opportuno. Ma non era la sola cosa che Grimaudi aveva in comune con i volatili.

Con la bacchetta Antonio aveva lo stesso rapporto che gli uccelli hanno con le ali, era un prolungamento di se stesso. Aveva ascoltato le migliori orchestre del mondo, e alcune le aveva pure dirette. Aveva ricevuto plausi e stroncature, più i primi che le seconde a dire la verità, e si era guadagnato sul campo il titolo di Maestro. In poche parole, era un musicista scafato e abile, capace di destreggiarsi tra note ed alta società con piglio deciso e vagamente snob, come se ne conviene in certi ambienti. Un uomo di quello stampo, difficilmente trova qualcosa in grado di stupirlo dentro un teatro. Eppure il 27 aprile 1995 questo successe.

La metropoli si stava gustando il calore tenue della primavera, prima di maledirlo con l'avvento dell'estate. Internet era ancora un'intuizione nella mente di pochi. I libri erano di carta e la musica si comprava nei negozi di dischi.
Dall'altra parte dell'oceano, gli Stati Uniti stavano combattendo un'altra guerra in nome della libertà che puzzava di petrolio. Antonio Grimaudi si stava dirigendo al teatro Pennacchioni e per la mente gli passavano soltanto due cose, un pensiero e un desiderio: assistere al concerto del Maestro Vladimiro Rogetti e che quest'ultimo fosse un plateale fiasco.

2.

Il Pennacchioni non era semplicemente un teatro. Era l'archetipo del teatro classico italiano.

Era stato il primo, in tutta la metropoli, dove avesse suonato un'orchestra classica. Costruito in una zona popolare nel 1716, le case gli erano poi cresciute intorno come colonie unicellulari nutrendosi di un'impalpabile energia. E insieme alle abitazioni erano cresciute anche le leggende su di esso. Si diceva fosse un teatro magico, un luogo in grado di scegliere a chi mostrarsi e a chi invece negarsi, come i cimiteri e le vie di Praga.

La verità era che, come in tutti i centri storici, le vie erano strette e sinuose si assomigliavano le une alle altre. La nebbia, densa e fumosa, completava l'opera. D'inverno la bruma era tanto fitta che capitava spesso di passare davanti all'entrata del teatro e avanzare continuando a cercarla.

Ma come in tutte le leggende, c'era una parte di verità. Il teatro si negava solo ai miopi o a chi non aveva la pazienza per tornare sui propri passi, ma sicuramente esisteva soltanto per rendere omaggio a una categoria di persone: gli amanti della musica.

Il Pennacchioni era nato per il volere di un ricco quanto eccentrico liutaio che aveva passato tutta la sua vita al solo scopo di produrre gli strumenti perfetti, e quando fu convinto di esserci riuscito, si accorse che i teatri dove suonavano le sue creazioni non erano perfetti per i suoi preziosi strumenti, così ne aveva fatto costruire uno con la migliore acustica del mondo. Aveva investito fino all'ultimo spicciolo del suo vasto patrimonio per quell'opera immane, e il risultato lo convinse che non avrebbe mai potuto spendere in miglior modo il suo denaro.

La forma del teatro, l'uso dei materiali, persino le imbottiture delle poltrone, tutto era stato scelto per quello scopo. I migliori esperti dell'epoca erano stati chiamati e avevano creato un teatro con l'acustica perfetta ottenuta soltanto con tutti i posti a sedere occupati, in modo che i corpi umani assorbissero i suoni bassi e fossero parte integrante di un suono perfetto. Per questo motivo il teatro era composto dalla platea, due piccole gallerie e palco ma nessuna zona d'onore. Davanti all'entrata era rimasta l'insegna voluta dal liutaio: "La musica non ha posti privilegiati, solo gente che ci tiene più degli altri". I biglietti, indipendentemente dalla posizione, costavano sempre lo stesso prezzo. L'unico modo per avere i posti migliori era prenotarli con un largo anticipo. Questo aveva permesso anche ai meno abbienti di ascoltare in posti privilegiati e a basso costo degli incredibili concerti, contribuendo a diffondere la sua leggenda.

Quel luogo era una dichiarazione d'amore all'Acustica, e i più grandi artisti di tutto il mondo avevano contraccambiato esibendosi al suo interno.

Non c'era angolo di quel teatro a cui non fosse ricollegabile un aneddoto d'un compositore.

Per esempio, la macchia sulla moquette all'entrata era

attribuita a Rossini, la cui la dedizione al cibo era paragonabile solo al suo amore per la musica. In preda a un languorino poco prima dell'inizio del concerto, si raccontava fosse sgattaiolato fuori dal teatro e fosse corso (per quanto la sua poderosa mole lo permettesse) al più vicino ristorante.

Gli addetti al teatro non appena si accorsero che non era in camerino si sparsero per la città, sperando di intercettarlo. Uno di loro lo trovò placidamente seduto a tavola gustandosi un piatto di pasta all'amatriciana. Il Maestro fu convinto ad abbandonare il ristorante, ma non la pietanza, che continuò a essere mangiata lungo tutto il percorso. Una volta entrato, era ancora intento a finire il piatto, quando venne urtato da una sbadata contessa che gli fece rovesciare il cibo rimanente sul pavimento. Inviperito, era salito sul palco ignorando i battimani di benvenuto, ed aveva attaccato a dirigere prima ancora della fine dell'applauso.

Si diceva che finito il concerto se ne fosse andato con la stessa foga con cui fosse entrato in scena, dirigendosi a grandi passi verso il ristorante per gustarsi un altro piatto di pasta all'amatriciana.

Oppure, la lieve scalfittura che si scorgeva guardando con attenzione un asse del palco, si raccontava che fosse attribuibile a Mozart. Il piccolo genio si era esibito lì a soli sei anni. Si diceva che finito il concerto, esaltato dal pubblico adorante, si era messo a saltellare sul seggiolino da pianista e fosse caduto di faccia, scheggiandosi un dente.

Beethoven invece si era esibito ormai quasi sordo. Finito il concerto, non sentendo gli applausi del pubblico che si era alzato in piedi a omaggiarlo, per orgoglio neanche si voltò a vedere, e diede l'ordine ai musicisti di eseguire altri due movimenti sinfonici con l'intento di ricevere la meritata acclamazione. In un istante il pubblico si zittì

e tornò compostamente seduto ad ascoltare l'insperato
bis.
Il Pennacchioni era un tempio della Musica e Grimaudi
da diversi anni, con suo grande orgoglio, ne era il direttore artistico.

3.

Vladimiro Rogetti era un giovane direttore d'orchestra piuttosto mediocre.

Aveva un fisico tondeggiante che muoveva con leggerezza, come se la sua zavorra fosse composta non di grasso ma di nuvole dove, oltretutto, Grimaudi sosteneva avesse anche la testa. Non dava peso né al suo corpo né al suo ruolo di direttore. Preferiva lasciar fluire la musica dall'estro dei suoi musicisti piuttosto che imbrigliarla a suo comando.

Grimaudi, dal canto suo, accusava il collega del peggiore dei crimini nella sua scala di valori, cioè d'essere un insulso imitatore del suo stile, sebbene i due non avessero un solo colpo di bacchetta in comune. Grimaudi aveva lottato per raggiungere la sua posizione e si sentiva in dovere d'ostacolare chiunque desiderasse una carriera simile alla sua. Prima ancora che il suo smoking avesse toccato i sedili foderati del teatro, aveva già trovato alcuni errori che presumeva avrebbe commesso il rivale. Di questi avrebbe poi parlato nei salotti che contavano per stroncarlo. Era fatto così: il tipo d'uomo convinto d'essersi guadagnato il privilegio di criticare ancor prima di ascoltare.

Ma la cosa non andò affatto come previsto.

Quella sera Grimaudi assistette al suo primo concerto perfetto.

Il suo orecchio assoluto non riuscì a individuare una sbavatura. Non uno strumento fu fuori sincrono. Persino il pubblico fu sublime. Per tutta la durata del concerto non percepì nemmeno un colpo di tosse. Ma c'era dell'altro. Aveva ascoltato un attimo d'infinito. Aveva assaporato uno stato di conoscenza al di fuori della percezione umana. Il mondo gli era entrato dentro e il suo corpo

non era più il confine di se stesso.

Per la durata del concerto gli sembrò che se mai fosse esistito un confine, quello fosse l'universo stesso.

Rogetti aveva solcato le più alte vette dell'esecuzione musicale. Aveva raggiunto l'eccellenza e l'aveva fatto in quello che lui considerava il suo teatro.

E Grimaudi era stato battuto nel suo ambiente naturale.

Appena il primo applauso l'aveva richiamato alla realtà, Grimaudi si era diretto verso l'uscita lasciandosi l'acclamazione alle spalle.

Camminò in silenzio verso casa, accompagnato dalla sensazione che gli applausi lo avessero seguito fin dentro il suo appartamento.

4.

Quella notte il Maestro non dormì. L'invidia e la vergogna per essere stato battuto da un uomo che lui riteneva indegno di tale confronto l'avevano morso con una furia mai provata prima. La mattina prestissimo era sceso in strada ancora in smoking. La paura d'essere ormai solo un reperto archeologico del teatro non gli aveva nemmeno permesso di spogliarsi. Comprò e lesse in apnea tutti i giornali che avevano pubblicato le recensioni del concerto diretto da Vladimiro Rogetti.

Un trionfo.

Ogni articolo descriveva il concerto come il migliore della stagione.

Per una settimana Grimaudi non uscì di casa. Non dormiva e si nutriva malvolentieri. Si era rincuorato un po' quando aveva saputo che Rogetti in un altro concerto in città era tornato a essere il mediocre direttore d'orchestra di sempre. Ripiombò dopo poco nello sconforto. Una violenta presa di coscienza gl'aveva svelato che non era stato Rogetti il motivo del suo malessere, anche se l'aveva creduto fino a quel momento. In meno di un mese sarebbe stato lui a dirigere la sua orchestra al

Pennacchioni. L'idea che Grimaudi non sopportava era il confronto tra quella esecuzione magnifica e la sua direzione. Stava combattendo con un'ombra tanto impalpabile quanto invincibile.

5.

Finita la settimana di clausura dal mondo, il Maestro ricominciò a provare con la sua orchestra. Ai musicisti era stato detto che Grimaudi era malato, ma molti sospettavano la verità: Grimaudi non aveva retto il confronto con il nuovo. Bastò un'occhiata al suo arrivo nel teatro per convincerli di quanto i loro sospetti fossero fondati.
Grimaudi si aggirava per il teatro come un'ombra, ingrigito dal pensiero di un'imminente sconfitta. Dirigeva con insicurezza i musicisti. La sua voce fredda e impietosa, sempre pronta a rimproveri e critiche, non esprimeva più né gli uni né le altre. Lasciava correre sia su imprecisioni tecniche, sia sui ritardi alle prove. Nel giro di una settimana il Maestro venne declassato da direttore a parte integrante del mobilio del teatro.

6.

La sera del concerto, la presenza di Grimaudi nel teatro era stata frutto di un incredibile sforzo di volontà. Nei giorni antecedenti allo spettacolo aveva vagliato l'ipotesi di darsi malato, addirittura di schiantarsi con l'automobile a bassa velocità contro un palo della luce, dandogli l'alibi per non affrontare l'evento. Poi il suo orgoglio aveva prevalso, anche se dallo scontro con se stesso si era trovato carico di nuove cicatrici e sprovvisto d'autostima. La consapevolezza che la sua imminente sconfitta fosse solo un pensiero paranoico, non lo aiutava a liberarlo dai suoi demoni.

La sera della prima non erano bastati il frac elegantissimo e il papillon per non far sembrare Grimaudi un cencio. Per la prima volta nella sua vita era entrato a teatro dalla porta sul retro.
Bussò alla porta di sicurezza.
Dietro l'angolo del teatro scorse un giovane malvestito, probabilmente un mendicante, che lo osservava. Appena i loro occhi s'incrociarono il ragazzo scomparve dietro la parete.
I derelitti evitano chi è messo peggio di loro, pensò.

Una giovane maschera alquanto stupita aprì la porta e lui si gettò dentro l'edificio, per poi scomparire dopo un istante nel suo camerino.

7.

Il pubblico lo attendeva sul palco, al momento la priorità di Grimaudi era osservare guardingo il corridoio sbirciando dalla porta socchiusa, per essere certo di non incontrare nessun musicista ritardatario. Quando si fu persuaso d'essere l'ultimo, uscì dal camerino. S'incamminò cercando di non sembrare un condannato a morte diretto alla forca, ma il risultato non fu convincente. Quel corridoio che decretava la sua trasformazione da uomo comune ad Artista, lo aveva sempre percorso in un batter d'occhio. Ora invece il tempo era stato sospeso. L'unica cosa che lo avvisava del suo avanzare era il rumore dei suoi passi.

Quando infine arrivò davanti al leggio, venne accolto da un fragoroso applauso. Grimaudi diede le spalle al pubblico, e si godette quello che credeva essere la sua ultima cena.

Le luci si spensero.

Il silenzio calò fulmineo.

Grimaudi sentì il rumore del suo profondo respiro, quello che annuncia un salto nel vuoto.

Colpi di bacchetta sul leggio.

Ancora silenzio. Iniziò la magia.

8.

L'applauso scrosciante riportò Grimaudi alla realtà. Di sole due cose era certo: che si trovava nel teatro e che i suoi musicisti avevano suonato come mai gli era capitato nella sua vita d'ascoltare. Tutto il resto era stato come entrare in un sogno lucido.

Dalle prime note intonate dell'orchestra aveva visto un pulviscolo luminoso, con i colori più brillanti che gli fosse mai capitato di vedere librarsi dagli strumenti e comporre forme e luci al di fuori dell'umana immaginazione.

Lui non aveva diretto, aveva giocato con quelle forme. La sua bacchetta sfiorava quei colori che si ritraevano e volteggiavano intorno a lui, come stormi di farfalle variopinte che lui coordinava mantenendo armonia, immerso in un turbinio di emozioni. In alcuni momenti era stato complicato, anzi faticoso, non esserne sopraffatto.

Era stato come un mago, con la sua bacchetta aveva dovuto gestire tutta quell'incredibile forza, quell'enorme quantità di magia, un fiume in piena da arginare.

Impedire che tutta quella potenza straripasse fuori dai suoi naturali margini aveva richiesto tutta la sua abilità. Poi, a un tratto, si era quietata e aveva dovuto rinvigorirla poco a poco. Con movimenti eleganti e decisi allo stesso tempo, l'aveva attizzata come si fa col fuoco, permettendogli di respirare, e cercando di farlo divampare al momento giusto.

Con l'avvento del finale aveva lasciato che tutta quella passione scorresse libera e potente. L'ultima cosa che ricordava della sua direzione erano migliaia di piccole luci dorate simili a coriandoli che avevano anticipato l'arrivo dell'ovazione.

Grimaudi era esausto e trepidante di gioia allo stesso tempo. Aveva tramutato quello che si preannunciava come un'immane sconfitta nel momento più glorioso della sua vita.

In quel teatro, per la seconda volta nel giro di un mese, si era manifestata l'essenza stessa della musica.

9.

Inutile dire che la stampa acclamò Grimaudi come il trionfatore del Pennacchioni. I giornali nella pagina culturale titolavano così il concerto del giorno prima:

Grimaudi dà un nuovo significato alla parola "sublime"

Il Maestro dirige il concerto che ogni appassionato di musica vorrebbe ascoltare.

Grimaudi si sentiva come l'araba fenice, risorto dalle ceneri. Il buon umore e il suo strabordante ego passeggiavano nuovamente a braccetto. Era convinto che quel concerto segnasse una nuova era della sua vita: i più grandi teatri, interviste e ovazioni si configuravano nel suo immediato futuro davanti ai suoi occhi non come desideri, ma già realtà.

La settimana dopo, l'orchestra partì per un breve tour in alcuni teatri italiani. Grimaudi era raggiante. Avrebbe esportato la sua genialità per la penisola e sarebbe in breve tempo diventato il più grande direttore italiano, forse del mondo. Ma il concerto non fu al livello delle sue aspettative. L'esecuzione andò bene, elegante e misurata, ma ben lontana dallo splendore provato una settimana prima. Anche le altre due date seguenti si mantennero sul livello usuale.

Grimaudi stava cercando di raccapezzarsi del perché di quello scivolone, quando scoprì da un articolo di giornale, che si faceva trovare ogni mattina assieme a del caffè amaro e un sorriso dolce della sua assistente, che c'erano stati altri "concerti perfetti" durante la sua assenza. Per l'esattezza altri due, oltre al suo e di Rogetti, ed entrambi nella propria città. Il giornalista aveva scritto un articolo titolato "la stagione di platino del teatro Pennacchioni". Nell'articolo il giornalista descriveva estasiato quella stagione magica che stava regalando al mondo della musica classica così grandi soddisfazioni. L'articolo continuava equiparando tutti i vari direttori d'orchestra che avevano diretto come sublimi, senza fare distinzioni. Infine l'articolo si chiudeva domandandosi quale fosse la causa per aver reso quel teatro il punto d'incontro di concerti così eccelsi.

Grimaudi, dopo aver letto l'articolo, chiuse il giornale con molta cautela e con un'espressione di disgusto dipinta sul volto, come le parole al suo interno potessero sporcargli le mani. Il fatto che il giornalista avesse equiparato la sua direzione a quella degli altri direttori l'aveva a dir poco stizzito.

Comunque c'era qualcosa in quell'articolo che l'aveva colpito. Degli interrogativi invasero la sua mente. Era possibile che fosse qualcosa in quel teatro che influenzasse i risultati? E perché soltanto ora si manifestava questa perfetta alchimia di eventi?

Quelle domande lo tormentarono per giorni, producendo nella sua mente le ipotesi più assurde.

La sua prima intuizione riguardava un particolare evento astrologico che rendeva il Pennacchioni il fulcro di quell'energia. Si rivolse a due astrologhe e a un sensitivo, fornendo loro a data dell'inaugurazione del teatro e le precise coordinate, scoprendo che quel mese era alquanto negativo per il teatro e nulla di buono ne poteva scaturire in quel periodo, mentre nel terreno su cui sorgeva erano avvenuti eventi di sangue e chiunque ci avesse avuto a che fare avrebbe rischiato la propria armonia. Quest'ultima parte fu l'unica su cui concordò Grimaudi, specialmente quando gli toccò pagare i loro salatissimi pareri.

Grimaudi stava vagliando l'ipotesi dell'umidità dell'aria e l'improvvisa ondata di calore che aveva travolto la città creando nel teatro un'acustica eccezionale, quando la risposta gli arrivò come un fulmine a ciel sereno. L'unica variabile costante in un concerto era il pubblico.

Abbandonata l'ipotesi riguardante l'adiposità degli spettatori, si dedicò a un'altra ipotesi altrettanto curiosa.

Poteva essere che alcune persone fossero tanto felici di vedere quello spettacolo che ne influenzavano l'esito? E se fosse stata una sola persona che creava quella condizione magica?

Se esistesse davvero al mondo un "catalizzatore d'armonia"? Quasi tutti gli artisti, anche se difficilmente lo ammettono, credono che esistano certi individui in grado, con la sola presenza, d'influenzare negativamente l'esito di uno spettacolo e Grimaudi non apparteneva alle eccezioni. Se era vero che esistono iettatori, per compensazione dovevano esistere anche i "Portafortuna".

Se la sua bizzarra ipotesi si fosse rivelata autentica, sarebbe stata la svolta della sua carriera. In breve tempo sarebbe diventato il più grande direttore d'orchestra della storia. Gli sarebbe bastato portare questa persona ai suoi concerti per avere la costante perfezione delle sue opere.

Non ci sarebbe più stato limite al suo successo.

11.

Quell'intuizione diventò l'ossessione di Grimaudi, trovare l'elemento catalizzatore. Ma come? Il progetto era tutt'altro che semplice.
Innanzitutto annullò le date rimanenti con un pretesto e prese il primo volo per la sua città. Appena arrivato, cominciò a impostare il piano di lavoro.
Al Pennacchioni i biglietti erano nominali, quindi sarebbe potuto risalire ai nomi di ciascun ascoltatore. Suddivise il suo programma di lavoro in questi punti:
1) selezionare le date in cui erano avvenuti i "miracoli".
2) Farsi dare l'elenco delle persone presenti a tutti gli spettacoli.
3) Assumere un detective privato che avrebbe indagato sulla vita dei prescelti per selezionare il suo uomo.
Gli bastò ricevere l'elenco delle persone che avevano assistito a entrambi gli spettacoli per capire che la questione era molto più complessa di quel che credeva: cinquantasette spettatori avevano assistito a tutti i concerti elencati nell'articolo.

12.

Quando il Maestro aprì la porta, vide tre dei suoi vicini armati rispettivamente di padella, mattarello e attizzatoio guardarlo alquanto allarmati. Avevano suonato al campanello preoccupati che Grimaudi stesse subendo un'aggressione, dopo aver sentito il Maestro urlare come un forsennato. Grimaudi spiegò che c'era stato un equivoco, non c'era stata nessuna aggressione. Si era semplicemente lasciato un po' andare per questioni di lavoro. Prima che i vicini potessero fare domande, la porta si richiuse davanti ai loro nasi e alla loro curiosità.

La verità era che da un buon quarto d'ora stava imprecando contro la cupidigia del direttore del teatro che permetteva la venale pratica dei abbonamenti. Quel numero esorbitante di persone presenti a entrambi gli spettacoli era dovuto a quello. Stava per ricominciare nuovamente a lasciarsi andare al turpiloquio, quando arrivò la rivelazione: chi era abbonato poteva essere automaticamente escluso. A lui interessavano le persone che presumibilmente avevano assistito a quei soli due concerti.

Quel colpo di genio lo portò a una ristretta cerchia di sole nove persone. Chiamò un investigatore privato e chiese di indagare su queste persone, in particolare se amassero andare a concerti di musica classica, di qualsiasi dimensione, sia di un quartetto d'archi, sia di un'orchestra barocca. Gli ci volle una settimana per avere il resoconto delle indagini.

Un disastro.

Il detective aveva scoperto che due erano musicisti dilettanti, e quindi di concerti ne dovevano aver fatti e visti parecchi. Due ascoltatori erano una coppia in vacanza, che però assisteva sovente a concerti e nel comune di residenza e avevano partecipato ad alcuni che erano stati considerati dei veri e propri fiaschi. Gli altri cinque erano dei simpatizzanti dell'opera, che occasionalmente si recavano a teatro.

Grimaudi si era scontrato con la realtà, e non ne era certo uscito incolume. Nessuno di loro poteva essere il "catalizzatore".

13.

Il Maestro era seduto sulla sua poltrona, con un bicchiere di brandy da un lato e il malumore dall'altro, rileggendo l'articolo del suo leggendario trionfo. D'un tratto, riemergendo dai pensieri cupi in cui si era immerso il suo spirito, notò che il bicchiere di brandy posato sul giornale aveva ingrandito la foto dell'articolo che lo ritraeva mentre stava dirigendo l'orchestra, con il pubblico alle sue spalle. Guardando attentamente vide che in fondo alla sala, dalla tenda che divideva la platea dell'entrata, c'era una testa che sbucava. Preso dall'eccitazione corse per casa cercando qualcosa che potesse aiutarlo a confermare o distruggere quell'intuizione. Con l'aiuto della lente si accertò che fosse realmente una testa e non una macchia dell'obbiettivo della macchina fotografica. Il suo cuore ebbe un sussulto. Nel teatro c'era qualcun altro oltre agli spettatori paganti. Allo spettacolo aveva assistito una persona che non aveva pagato il biglietto e che quindi non era stato registrato. Se avesse avuto altri riscontri fotografici sarebbe stato certo d'aver trovato il suo Portafortuna.

14.

Grimaudi chiamò tutti i fotografi che avevano assistito alle due opere e si fece dare, pagandole profumatamente, tutte le fotografie che avevano scattato al pubblico. In realtà erano ben poche quelle che potevano interessarlo. La maggior parte delle fotografie avevano come soggetto i direttori d'orchestra o sui musicisti. Ma da un'immagine, scattata durante il concerto di Rogetti, si notava inequivocabilmente che dietro la stessa tenda sbucava una testa.

Quell'individuo piangeva e sorrideva allo stesso tempo, in una lampante espressione estatica. Un viso così emozionato e felice che si chiese come avesse fatto a non accorgersene prima, dato che risaltava tra la marea di facce compassate tanto quanto una rosa rossa in un campo di tulipani bianchi.

La domanda che il Maestro non riusciva a togliersi dalla mente era: chi l'aveva fatto entrare? Non era facile dare una risposta. Il teatro non era impenetrabile come il Pentagono, ma disponeva di personale. Come poteva un uomo entrare senza che nessuno se ne accorgesse e poter ascoltare tutto il concerto? Era impossibile. A meno che ci fosse un complice.

Grimaudi in tutta la sua vita non aveva mai pensato che quella parola un giorno avrebbe potuto dargli tanta gioia. Un complice! Quel vocabolo, che per la maggior parte delle persone è sinonimo di malaffare, per lui poteva essere tradotta con speranza.

Ripensando alla sera del suo concerto al Pennacchioni, ricordò dove avesse già visto quella faccia. Era il ragazzo che malvestito che lo osservava da dietro l'angolo del teatro e che era fuggito quando si era avvicinato alla porta sul retro del teatro. Nello stesso istante rammentò l'espressione stupita della maschera quando gli aprì la porta d'emergenza: tutti i tasselli andarono al loro posto. La sua ricerca era finita.

15.

Non fu difficile individuare la maschera. Il ragazzo in questione era uno di quelli fissati per i diritti umani, anzi, era un vero proprio attivista. A quanto pareva, tutti nel teatro ne erano al corrente, tranne lui.

Quel ragazzo era il tipo di persona che Grimaudi non capiva. Grimaudi non era di principio contrario ai diritti dell'uomo, soltanto non riusciva a concepire come si facesse a sostenere che tutte le persone sono uguali, quando é lampante che per la società non sia così. Il mondo segue leggi molto più vicine all'economia che a quelle dei diritti civili, ripeteva il Maestro nei "salotti bene" nelle rarissime occasioni che si era affrontato l'argomento.

Come potesse un uomo rischiare di perdere un posto di lavoro solo in virtù di alcuni principi, era per lui un mistero. Eppure, grazie a quella visione utopistica, sarebbe riuscito a trovare finalmente il suo Catalizzatore. Certo, forse avrebbe dovuto strapazzare un po' quel ragazzo per estorcergli l'informazione, ma la cosa, sebbene non volesse ammetterlo, lo rendeva vagamente di buon umore. Avrebbe dimostrato a quell'idealista come gira il mondo.

Il giorno dopo Grimaudi si fece dare dalla direzione

l'indirizzo di casa di quel ragazzo che lavorava come maschera in teatro e si diresse verso la sua l'abitazione.

Incravattato e austero, il Maestro sembrava immagine stessa della rettitudine morale che andava a trovare un lavoratore inadempiente. Pregustava dentro di sé il momento di cedimento della maschera e l'istante in cui avrebbe saputo il nome, mentre il ragazzo lo implorava di non farlo licenziare.

Quando suonò il campanello uscì un ragazzone alto più di uno e novanta, a cui una giacca XL stava attillata sui bicipiti. Di colpo intuì perché il ragazzo non avesse mai avuto problemi per il suo impegno politico, nonostante la dirigenza del teatro avesse simpatie reazionarie. Grimaudi, nonostante la mole del ragazzo, non aveva intenzione di farsi intimorire. Era lui che aveva le carte vincenti in mano.

– Posso esserle utile? – disse il ragazzo tra una grattatina di capo e uno sbadiglio.

– Sono Antonio Grimaudi.

Pausa.

– Sono qui per parlarle di un evento spiacevole di cui lei si è reso complice. Possiamo entrare a parlarne con calma?

Aveva preso spunto per quella frase da un telefilm poliziesco che riempiva i palinsesti televisivi e lo aveva riadattato alla situazione. Diretta e neutrale, insinuava un'accusa e offriva una sponda per uscire dall'equivoco. L'accusato non poteva fare altro che accettare la sua mano tesa.

– Affatto. So benissimo chi è lei, ma non vedo cosa lei centri con una mia possibile negligenza. Sarà il direttore del personale, se dovesse risultare una trasgressione, a riferirmela. Arrivederci.

Appunto.

La porta iniziò a chiudersi. Quello strato di legno lo stava per isolare dalle sue aspirazioni. Grimaudi non lo poteva permettere. Infilò prontamente il piede tra lo stipite e la porta, provocando un suono sordo, un'espressione di disappunto da parte del ragazzo e una smorfia di dolore sul suo viso.

– Ma che vuole? Si levi dai piedi.

– Mi ascolti bene, lei ha fatto entrare un ascoltatore non pagante nel teatro, e se si venisse a sapere lei sarebbe licenziato all'istante.

Quando vide che le sopracciglia si erano vistosamente sollevate mutando la faccia da poker della maschera in un espressione di stupore, Grimaudi capì che aveva fatto centro. Ma subito le arcate ritornarono esattamente nella posizione di pochi stanti prima, solo un po' più minacciose che in precedenza.

– Se ha delle prove di quello che dice, vada in direzione. Io non so di cosa sta parlando.

Non c'era che dire, era un osso duro. Con l'intimidazione non si ricavava nulla. C'era una sola cosa da fare: vuotare il sacco e cercare di fare più pena possibile. Grimaudi prese un profondo respiro e con tutta l'umiltà di cui era capace (ben poca) decise di confidare quell'idea che lo ossessionava dal primo incredibile concerto della sua vita.

– Mi ascolti, io sto solo cercando quel ragazzo che lei ha fatto entrare. Non voglio fargli nulla di male, voglio soltanto incontrarlo. So che le sembrerò pazzo, ma credo che quel ragazzo abbia un dono.

Pausa.

– Quel ragazzo riesce a influenzare il corso dei concerti, rendendoli un evento unico, quasi mistico. La prego, devo incontrarlo.

Ecco, l'ho detto. Adesso questo va in direzione a dire che sono pazzo e addio carriera. Peggio, questo chiama il reparto di neuropsichiatria e mi vengono a prendere a casa. Questo stava pensando Antonio aspettando la risposta del ragazzo. Contrariamente alle sue previsioni la maschera aveva abbandonato la faccia da pokerista consumato e con l'entusiasmo di un bambino che ha appena visto i regali sotto l'albero disse: – Come se ne accorto? Credevo di essere l'unico ad averlo notato! – Di colpo l'atteggiamento non era più di sfacciato ostruzionismo. Grimaudi era diventato un altro custode del segreto. – Venga dentro Maestro che le offro un caffè, abbiamo molto di cui parlare.

Il Catalizzatore

1

Il ragazzo si chiamava Giacomo Paretto e non si era mai
avvicinato al telefono mentre gli stava preparando il
caffè, quindi non aveva fatto l'accondiscendente con lui
per poi chiamare la neuro. Davanti alla tazzina fumante
era venuto a sapere la storia della maschera.

– … ho studiato scienze politiche per quattro anni e per
pagarmi in parte gli studi ho accettato il primo lavoro
che ho trovato, che era la maschera al Pennacchioni. Mi
serviva per tirare avanti. Mi ha detto due o tre cucchia-
ini?

– Due per favore.

– Ecco a lei. Dicevo, un lavoro come un altro, ma poco
a poco la musica classica e l'opera mi sono entrate nel
cuore.

Dalla maglietta dei Nirvana che il ragazzo indossava,
Grimaudi non avrebbe mai sospettato che stesse parlando con un fan del suo lavoro. Il Maestro decise di
prendere la palla al balzo e sfruttare il discorso per accat-
tivarselo.

– La musica entra sottopelle pian piano, e diventa parte
di noi. È così che noi musicisti ne diventiamo schiavi.

– Sarà, ma ho visto molti di voi artisti atteggiarvi più da

principi che da schiavi.

Grimaudi capì che cercare di arruffianarselo non sarebbe servito a nulla. Conosceva il prototipo. Per i tipi come Paretto l'opera rappresentava un mondo utopistico fatto di grandi passioni e sentimenti. Gli attori e i musicisti, finito lo spettacolo, perdevano il loro fascino e tornavano a essere quello che erano: degli strumenti per creare uno spettacolo. Rappresentavano lo scollamento tra il mondo immaginario e la dura realtà, con cui la gente come Paretto ci faceva i conti tutti i giorni.

– ... Finiti gli studi sono entrato in un'associazione per i diritti umani, come volontario, naturalmente. Ma i fondi per gli ultimi della società sono anche gli ultimi a essere stanziati... L'associazione in questione si occupava dei profughi, in particolare di profughi di guerra... cerchiamo di garantir loro i diritti e l'asilo a chi ne ha diritto e, quando è possibile, cerco pure trovargli un lavoro.

Grimaudi si stava chiedendo per quanto ancora sarebbe durata la storia dell'eroe dei diritti umani, quando pronunciò la parole che assorbirono tutta la sua attenzione.

– ...è lì che ho incontrato Goran.

Goran Tranich veniva da uno stato fantasma, la Palahniuria, al confine tra la Russia e l'est Europa. Era una di quelle repubbliche scissioniste costantemente in conflitto con i paesi confinanti che non gli garantivano l'indipendenza. Quando lo Staterello non stava litigando con i vicini, era alle prese con guerre intestine. In quarant'anni dalle nazioni unite erano state registrate guerre tribali, etniche e religiose.
Risultato: Goran non aveva documenti.
Lo stato a cui ufficialmente apparteneva non lo riconosceva come cittadino, perché appartenente a una regione di rivoltosi. Viceversa la Palahniuria non rilasciava documenti perché il fragile sistema di governo era sempre minacciato al suo interno e non voleva che i cittadini portassero alla luce i problemi della nazione. Chi scappava all'estero era considerato un disertore, punibile con pene molto pesanti. Goran era misteriosamente riuscito a suo rischio e pericolo ad arrivare in Italia, lungo uno dei corridoi dei migranti che attraversavano i vari Stati.

3

Goran, dal primo istante che Giacomo Paretto l'aveva visto, era stato la rappresentazione vivente dell'Anomalia. Da uno che vive costantemente in guerra, abituato a sopravvivere alle condizioni più inumane, ci si aspetta che sia coriaceo e duro come la pietra. Goran ne era totalmente l'opposto. Sembrava arrivato al centro d'assistenza casualmente, spinto dal vento. Nonostante avesse più di vent'anni, dava l'idea di un bambino che si è perso dentro un supermercato.

Si era presentato allo sportello dell'associazione soltanto con nome e stato di provenienza.

Dopo di che l'addetto, convinto di non riuscire a comunicare con lui, gli aveva detto "wait a moment" ed era andato a chiedere aiuto.

In soccorso era arrivato Giacomo Paretto che si era avvicinato e aveva cominciato a parlargli in inglese, lento e ben scandito, sperando che capisse almeno qualche parola. Come sospettava, il ragazzo l'aveva guardato con occhi incerti e aveva scosso con delicatezza la testa a destra e sinistra. Giacomo aveva provato con il francese, il tedesco, e uno spagnolo stentato, ricevendo in risposta sempre lo stesso gesto. Paretto si era appena voltato, in

cerca di un volontario che parlasse russo per fare un ulteriore tentativo, quando alle sue spalle aveva sentito, con accento proveniente dall'est, una voce che diceva: "*Vossia potriebbe concedermi l'onore di parlare in italiano?*"
Giacomo aveva impiegato alcuni istanti per capire che la voce provenisse dal ragazzo.
– *Vossia potriebbe* concedermi l'onore di parlare in italiano? – gli aveva ripetuto.
Giacomo non era riuscito a soddisfare quella richiesta per una decina di secondi.
Come era possibile che in uno Stato dove la lingua cambiava ogni trecento abitanti, perché ognuno riteneva la propria la vera lingua ufficiale, lui parlasse italiano? E come mai con termini così arcaici? Erano le uniche parole che riusciva a dire o conosceva veramente l'italiano?
Goran lo stava osservando con attenzione, sperando di capire se stesse uscendo qualche parola in quei boccheggiamenti. Alla fine era riuscito con un filo di voce a dirgli "Venga alla mia scrivania".
Quando Goran aveva sentito la frase aveva sorriso.
– Ne sono lieto, signore.
Poi aspettò che Giacomo gli facesse segno di seguirlo e i due entrarono nell'ufficio.

4

– ...Non avevo mai visto una cosa del genere. Ha presente il detto: Una palla di neve non può uscire dall'inferno? Lui è prova vivente che i proverbi possono sbagliarsi.

Giacomo era tanto infervorato gesticolando e mimando, che Grimaudi si stava chiedendo se il caffè nelle sue mani fosse immune alle leggi di gravità.

– ...Tutta quella guerra, quelle carneficine sembravano essergli scivolate addosso. Mi disse che aveva imparato a parlare italiano grazie all'Opera. Abitava vicino a un teatro nella sua città, e da bambino durante uno dei tanti rastrellamenti si era trovato circondato dalla milizia, a cui non importava a quale etnia nemica appartenesse, ma solo liberarsi della feccia che inquinava il loro popolo, il che in un paese così piccolo poteva significare anche il proprio vicino o un parente di secondo grado. Così Goran si era rifugiato nel teatro sperando che la milizia non entrasse.

– ...In quel momento mi disse che la sua vita cambiò. Un gruppo di musicisti e un tenore stavano provando un pezzo de "Il barbiere di Siviglia". Non è che avessero un concerto in programma, in epoca di guerra non c'è

mai spazio per l'arte. Anche quella gente era in battaglia, a modo loro: quei musicisti stavano contrastando la guerra non con le pallottole ma con la musica. Goran mi disse che per la prima volta in vita sua si era sentito al sicuro. Da quel momento ci andò tutti i giorni. Era un'oasi di salvezza, l'ultimo baluardo di normalità del suo paese. Nessun commando entrò mai in teatro, per qualche misteriosa ragione i guerriglieri temevano gli strumenti musicali più di quanto temessero delle vere armi. Anche i guerrafondai vogliono mantenere una parvenza di civiltà per il proprio paese. All'inizio i musicisti avevano ignorato Goran, ma vedendoselo arrivare tutti i giorni non ebbero mai il cuore di cacciarlo. Passarono i mesi, il clima infuocato si quietò. Goran continuò a tornare. Divenne la piccola mascotte dei musicisti. Ascoltava e ascoltava, in cambio i musicisti gli chiedevano di brigare delle piccole commissioni. Col tempo di alcuni era persino diventato il confidente. Gli artisti nel teatro erano una specie di comune, oltre ad essere l'unica orchestra del paese. Goran rimase ben presto rapito dalla loro arte in maniera permanente.
Quando Giacomo gli aveva chiesto se era venuto in Italia per scappare dalla guerra, o per cercare lavoro, l'unica cosa che Goran gli aveva detto era stata: «Sono venuto nel vostro Paese per ascoltare l'opera».

Grimaudi ascoltava, indeciso se credere d'aver trovato in Goran Tranich un vero fenomeno della natura, o se avesse soltanto incontrato un compagno di pazzia.
– ...per questo l'ho fatto venire a teatro. – Pausa di Giacomo. – ... Quelli sono stati i concerti più belli che abbia mai ascoltato nella mia vita. All'inizio avevo creduto che fosse una coincidenza, che fosse estremamente fortunato ad ascoltare i migliori concerti della stagione, poi ho capito. Non era fortunato, era il pubblico ad

avere la fortuna d'ascoltare il suo stesso concerto. – Di colpo Giacomo si era fatto serio. – Ma lei come se n'è accorto?

Grimaudi non sapeva da dove cominciare. Avrebbe potuto raccontargli della sua onnipresente paura di far brutta figura, del terrore di essere diventato troppo vecchio per dirigere dopo che aveva ascoltato Rogetti, delle sensazioni che aveva provato quando aveva diretto in presenza di Goran, ma preferì sintetizzare tutto con un solo concetto.

– Mi sono sentito felice dirigendo l'orchestra, ed era una parte di me che non mi apparteneva da molto tempo.

Giacomo, che non si aspettava tanta sincerità, rimase ammutolito. Grimaudi capì che era il momento per l'offensiva.

– La prego Paretto, mi dica dove posso trovare quel ragazzo. Non voglio fargli del male, anzi, voglio che ascolti insieme a me la mia orchestra, mentre lavoro. Lui riesce a emozionare tutto quello che ha intorno, ed è una cosa a cui noi musicisti abbiamo perso l'abitudine. Lui può regalare a tutti noi la commozione, può renderci più sensibili, più umani...

Giacomo non era convinto che le parole del Maestro fossero del tutto sincere. Aveva la sensazione che fossero altre le motivazioni che spingevano quell'uomo a implorarlo, ma gli erano ancora oscure. Giacomo era un'idealista, questo non significava che come conseguenza fosse anche stupido. Aveva bisogno di prove concreta della buona fede.

– Le farò incontrare Goran, sempre che lui lo voglia. A una condizione: al suo prossimo concerto lo farà sedere a sue spese in platea, a suo nome.

Grimaudi non riuscì a non sollevare il sopracciglio destro in segno di riprovazione. Che quel ragazzo avesse fiutato qualcosa? Lui, Goran voleva tenerlo nascosto, non mostrarlo ai quattro venti.

– Credo ci siano dei problemi al riguardo. Che io sappia, tutti i biglietti sono già esauriti da qui, a mesi non c'è un solo posto disponibile.

– Vorrà dire che serviranno mesi per incontrarlo. Disse Giacomo con fermezza.

– Va bene, vedrò di fare tutto quanto è in mio potere per risolvere il problema. – Grimaudi aveva in mente un'altra mossa. – Avrà bisogno di un abbigliamento adeguato per entrare nel teatro. Sarei felice di offrirglielo. Anzi, sono sicuro che il mio sarto sarà ben lieto di cucirgliene uno su misura.

L'idea era semplice: sperava di incontrare Goran dal sarto e di eliminare così quell'ingombrante intermediario. Ma di nuovo Giacomo si dimostrò più sveglio di quello che il Maestro credesse.

– Non si preoccupi Maestro, accompagnerò io Goran a comprarsi gli abiti. Vedrà che sarà elegantissimo per quella serata, faremo il giro dei migliori negozi. Spero solo che il mio conto in banca sarà sufficiente a contenere le spese.

– ….

– Comunque, sono sicuro che lei, dato che si è offerto, mi rimborserà l'intero ammontare. – Scacco di Giacomo.

– Ne è sicuro? Sarei molto più soddisfatto se avesse un vestito su misura.

– Se lo ritiene necessario conosco un ottimo sarto. È un po' caro, ma vedrà che ne sarà soddisfatto.

Grimaudi si era alzato dalla sedia e non senza un filo di rabbia aveva pronunciato: – Senza dubbio.

E dopo un breve saluto si era avviato alla porta quando Giacomo lo richiamò.

– Maestro, dimenticavo. Se per lei è così importante tenerlo vicino, forse è il caso che in futuro gli dia un

lavoro. Non si preoccupi, verrò io a presentarle una bozza di contratto come consulente artistico, nei prossimi giorni.
Scacco matto.

5

Ci vollero quindici giorni perché l'incontro fosse possibile. Per tutto quel tempo però Antonio aveva continuato a tormentarsi la mente. I dubbi di aver fatto un madornale sbaglio lo avevano assalito. Aveva pagato di tasca propria il biglietto ma soprattutto, Giacomo gli aveva portato gli scontrini dei vestiti acquistati, degni di serata per gli Oscar. Grimaudi sospettava che Giacomo provasse un'infinita gioia nel far spendere il Maestro, e il dubbio divenne certezza quando, tutto sorridente, portò una bozza di contratto di sei mesi a nome di Goran Tranich come consulente musicale.
– Quello ufficiale glielo farò firmare finito il concerto, solo se ne sarà soddisfatto. Non vorrei mai che pensasse a una truffa. In questo modo saremo tutti felici…
Grimaudi non lo era affatto. Si chiedeva anche come potesse ritenersi felice Giacomo, dato che in tutto questo non c'aveva guadagnato un solo euro. Aveva addirittura anticipato lui il denaro per gli abiti. *Come attivista per i diritti civili è un portento, ma come affarista è una vera chiavica,* pensò il Maestro.

6

La sera del concerto era ormai arrivata. Il Maestro scrutava il pubblico cercando di individuare il ragazzo quando gli apparve. Giacomo lo stava accompagnando a sedere.

Lo smoking su misura non era servito a non far sembrare Goran ciò che era: un profugo finito per qualche misteriosa ragione dentro un abito costosissimo. Goran aveva movimenti impacciati che risaltavano ancor di più al confronto delle movenze curate e sfarzose del resto del pubblico, per quanto si sforzasse di sembrare più aristocratico di quanto era realmente. Sembrava colui che dopo aver perso la propria strada si trova davanti per la prima volta l'oceano. Era l'unico in tutto il teatro, oltre a Grimaudi, veramente emozionato di essere lì.

Tutti si accomodarono frettolosamente ai loro posti, le luci cominciarono ad abbassarsi, segnalando che presto sarebbe cominciato il concerto. Prima che il pubblico fosse inghiottito dall'oscurità e diventasse solo una macchia scura e informe, Grimaudi osservò per un istante il ragazzo un'ultima volta. Goran era già in uno stato di pre estasi.

Colpi di bacchetta. Silenzio.

Cominciò il concerto.

Grimaudi era molto sorpreso da quanto erano cambiate sue percezioni rispetto alla prima serata che aveva diretto in presenza di Goran.

Questa volta non aveva visto quasi nessuna forma colorata, se non tenui aloni color pastello.

Era stato come sprofondare in uno stato di pace e tranquillità. Nonostante questo riusciva a dirigere con assoluta sicurezza con movimenti decisi e sempre appropriati.

Questa volta il concerto fu un viaggio nei suoi ricordi. Rivisse i momenti spensierati della sua fanciullezza, quando suo nonno gli aveva insegnato la prima volta gli accordi del pianoforte, il suo primo amore, il primo bacio a quella bambina dai capelli rossi piena di lentiggini che credeva sepolta da tutti i ricordi. I primi concerti e le loro emozioni. Il trionfo all'Opera de Paris. Il matrimonio e suo figlio. Il fatto che sua moglie avesse poi divorziato e con suo figlio non parlasse da anni, non solo non gli provocavano la solita rabbia, non la viveva nemmeno con amarezza. Le cose erano semplicemente successe e lui si stata soltanto godendo appieno i momenti più felici e più dolci.

Intanto la bacchetta nelle sue mani giocava con i musicisti dell'orchestra, sfogliando le pagine dei suoi ricordi a tempo di musica. Contrariamente da quello che aveva sempre creduto, la sua vita gli sembrò melodica e ben ritmata. Gli era servito quel ragazzo per capire che a suo modo la sua esistenza era stata un'opera d'arte.

La bacchetta si era fermata. Il pubblico era in piedi. Grimaudi si voltò cercando Goran tra la platea. Nell'oscurità era una cosa praticamente impossibile ma ci provò lo stesso.

Tutto era in penombra tranne per una chiazza dorata. Inizialmente si stupì che nessuno si fosse lamentato di una luce in sala. Poi capì che non era una luce visibile con gli occhi. Dentro quell'alone c'era Goran in lacrime che applaudiva tanto forte da spellarsi le mani.

Appena finito il concerto corse da Paretto a firmare il contratto.

Era il primo giorno di lavoro di Goran e lui non si era presentato. Il Maestro sbraitava furiosamente per il teatro.

– … è inammissibile! Io lo assumo e il primo giorno di lavoro quello non si presenta nemmeno! Ma che diavolo!

Il tono di voce era talmente alto e furioso che era arrivato fino alla reception. Sentendo tutti quegli improperi, il portiere, noto ficcanaso che tendeva a credere che i suoi pensieri fossero di estremo interesse per il prossimo, decise di rendere partecipe il Maestro riguardo le proprie considerazioni sulle nuove generazioni.

– …eh, i ragazzi del giorno d'oggi non hanno alcun rispetto Maestro. Si figuri che è la terza volta che caccio un giovane barbone da qui, che chiede di entrare.

Grimaudi si bloccò.

– Hai detto un giovane?

Dal tono gelido con cui Grimaudi aveva pronunciato la frase, il portiere capì che aveva commesso un imperdonabile errore. Sapeva che dentro il Maestro esistevano due forze che raramente si trovavano insieme: la rabbia esplosiva e il lento desiderio di vendetta, il che ne faceva una persona pericolosa.

– credo abbia sui vent'anni, ha un modo di parlare strano, da straniero…

– Razza di deficiente, se chiede di entrare è perché lavora qui! Sono ore che lo aspetto! Se se ne è andato, parola mia la faccio licenziare e farò in modo che non trovi più lavoro neanche come portiere notturno di uno squallido motel!

– Maestro, nessuno mi aveva avvisato… Comunque so dov'è! È qui nascosto dietro il vicolo… È la terza volta che mi spia da dietro all'entrata e appena vede che ci sono scappa via come un cane bastonato… Credo stia cercando d'entrare dalla porta sul retro, glielo vado a chiamare?

– Stia dov'è, per carità, che ha già combinato abbastanza danni. E preghi che il ragazzo sia ancora lì.

Grimaudi uscì dall'entrata e fece il giro del palazzo dove subito trovò Goran. Capì immediatamente perché il portiere l'avesse cacciato.

Sembra un profugo, pensò prima di mettere a fuoco che lo era realmente. *Chissà da quale angolo d'inferno deve essere sbucato per presentarsi il primo giorno di lavoro in quello stato.*

– Ragazzo mio, è destino che ci incontriamo nei vicoli, io e te.

– è lei, *Maiestro Grimauidi?*

– Si, sono io.

– Mi spiace molto per il ritardo.

– Non è colpa tua, è stata soltanto un'incomprensione.

Goran si scusò nuovamente, anche se non aveva nulla di cui scusarsi. Grimaudi gli porse il braccio e lo arrotolò letteralmente nella sua schiena, proprio come fa una chioccia con un pulcino. Voleva far capire al portiere che da quel momento era sotto la sua ala protettrice.

– Guarda bene la sua faccia – disse Grimaudi al portiere

– e fa che non si ripeta più il tuo errore, o quello che sarà
un barbone la prossima volta sarai tu.

10

Per il primo giorno Grimaudi chiese a Goran di tenersi in disparte, dietro le tende, visto che non era vestito in modo inappropriato e non voleva che vedendolo così i suoi musicisti pensassero che faceva ascoltare le prove a un bisognoso. Temeva pensassero si fosse rammollito. Ci teneva alla sua reputazione di carogna.

Il giorno seguente, dato che gli aveva chiesto di venire alle prove vestito in modo adeguato, Goran venne vestito come la sera del concerto. Il portiere non lo riconobbe e ci mancò poco che non lo cacciasse un'altra volta. Grimaudi lo mise di nuovo dietro alla tenda. Anche un assistente vestito con abiti da sera avrebbe fatto sorgere qualche dubbio ai musicisti. Chiamò Giacomo e gli disse

passare da teatro e di portare Goran a fare shopping. Andò alla banca dietro l'angolo e consegnò al ragazzo 500.000 lire.

– Compragli un guardaroba decente e cerca di farteli bastare – disse a Giacomo a denti stretti.

Il ragazzo tornò in serata accompagnato da Goran vestito in modo elegantemente casual, con diversi shopper in mano e un ventaglio di scontrini. Il totale faceva

498.370 lire.

– Visto che avanzavano un paio di mille lire abbiamo
preso due caffè – disse mostrando lo scontrino.

– Non si preoccupi, i 370 lire d'avanzo li offro io – disse
con il sorriso più canzonatorio che il Maestro avesse mai
visto.

Era passato più di un mese dal loro primo incontro. Il caldo era diventato soffocante, e chi poteva lasciava la città per località più fresche. I libri erano ancora nelle librerie e la musica nei negozi di dischi. La guerra del Golfo continuava a mietere vittime sporche di petrolio. Goran stava ascoltando estasiato le prove.

Dal primo giorno della sua presenza nel teatro l'atmosfera si era fatta nettamente più leggera. Goran, ogni volta che metteva piede nel teatro, emetteva sospiri estasiati e ascoltava con occhi incantati. Nonostante questo, Grimaudi durante le prove non aveva avuto mai una visione. Inizialmente aveva creduto che si fosse già abituato alla presenza del ragazzo e quindi si fosse assuefatto al suo dono. Lo pensò fino a quando non fecero il primo concerto ufficiale. La mente del Maestro vagò verso lidi a lui totalmente sconosciuti, a cui non seppe dire se esistessero realmente o solo nella sua fantasia. Finito il concerto intuì qual era il motivo di tutto ciò. Era la presenza del pubblico a permettere la magia. In qualche modo gli spettatori facevano da cassa di risonanza a Goran.

Goran dal canto suo non era cambiato di una virgola: sempre sorridente, gentile e impacciato. L'unica cosa che era cambiata in lui era il suo accento. Giacomo lo aveva iscritto a un corso d'italiano, che l'aveva aiutato a eliminare i termini arcaici, in favore di un italiano più scorrevole. L'unico strascico erano le "I" che ogni tanto s'intrufolavano in qualche parola provocando un accento russo da gangster-movie.

In realtà a Grimaudi non interessava come parlasse. Anzi aveva cercato di farlo parlare il meno possibile. Aveva pagato profumatamente per tenerselo vicino, non per conversarci. Non che il Maestro lo trattasse male anzi, faceva di tutto perché si sentisse a suo agio. Soltanto non gli riconcedeva il diritto di parola.

Per i musicisti invece la presenza del ragazzo era un vero mistero. Era l'unico consulente che avessero visto a cui non si chiedeva mai una consulenza. In un contesto del genere non potevano che farsi vive le prime malelingue al riguardo: c'era chi diceva fosse l'amante di Grimaudi, chi un uomo della mafia russa mandato lì per controllare il Maestro per qualche suo affare illecito. Quasi ognuno aveva una sua teoria al riguardo, ma nessuno lo riconosceva come esperto di musica. Goran veniva ignorato o guardato con diffidenza, cosa che Grimaudi cercò di amplificare quanto possibile, lanciando occhiatacce a chi si avvicinava troppo a lui.

Goran Tranich era suo. Gli apparteneva, e aveva grosse aspettative su di lui.

12

In qualsiasi ambito del professionismo uno si applichi, alla fine scopre la sua "bestia nera". La definizione dice: persona o cosa il cui solo pensiero basta a suscitare ira, odio o timore reverenziale. Nella storia ce n'erano state a centinaia: Leonardo da Vinci si era scontrato con Michelangelo che a sua volta aveva trovato la sua personale bestia nera in Raffaello. Borg aveva avuto McEnroe. Salieri si era trovato tra i piedi il giovane Mozart. Yves Klein si era imbattuto nella "bestia bianca" Piero Manzoni, i Beatles avevano i Rollin Stones e la nazionale di calcio tedesca aveva l'Italia. Per Grimaudi la sua personale bestia nera non era una persona, bensì qualcosa di molto più arduo e impalpabile da sconfiggere: la Turandot di Puccini. Quell'opera era la fonte di tutti i suoi insuccessi e le sue stroncature da parte dei critici. Più volte si era sfidato con lei e sempre aveva perso. Solo a sentire il nome dell'opera di Puccini gli era sufficiente per fargli ribollire il sangue in un misto d'ira e timore. Non aveva mai capito da cosa dipendessero i suoi insuccessi. L'unica cosa di cui era certo era che aveva un conto aperto con quell'opera d'arte. E ora, alla resa dei conti, aveva anche un asso nella manica che intendeva giocarsi.

13

Puccini non era l'autore più consono per il Maestro. I due non condividevano né il romanticismo, né soprattutto l'amore per le sue eroine. Pochi uomini al mondo possono dire di capire l'universo femminile e Grimaudi non risiedeva in quella stretta cerchia.

Oltretutto quella era un'opera maledetta. Si raccontava che Puccini si fosse ammalato durante la composizione e quella storia lo avesse consumato prima del previsto. La fredda e spietata principessa Turandot, aveva chiesto la testa del compositore, e l'aveva ottenuta. L'opera era stata poi terminata da Alfano, cambiandone in parte la visione del predecessore. Questo, secondo Grimaudi, aveva contribuito a creare un personaggio alquanto irrealistico. È vero che " la donna è mobile qual piuma al vento" ma che una crudele dama si tramutasse alla fine in un'appassionata e innamorata donna, lo trovava del tutto irrealistico. E che dire di Calaf, il principe in incognito, così innamorato da rischiare più volte la vita solo allo scopo dell'amore?

Per quanto i critici di tutto il mondo la definissero un capolavoro, quell'opera gli era sempre sembrata un obbrobrio farcita di musica orecchiabile e simpatici ritornelli, nulla di più. Dal canto suo la Turandot aveva provveduto a farlo naufragare ogni qual volta aveva avuto a che fare con lei.

La prima volta che si era confrontato con la Turandot era il 1976 e lui era ancora un giovane direttore. Era riuscito ad avere nel cast l'acclamato tenore Ettore Grigoni ma una ventina di giorni dal debutto l'artista era stato colpito da uno scandalo e si era improvvisamente ritirato. Era così stato costretto a prendere un rimpiazzo che non s'era dimostrato minimamente all'altezza. Per poco non ci rimise la carriera.

Tre anni dopo aveva tentato nuovamente. Cinque giorni dalla prima un piccolo incendio aveva colpito il teatro. Tutto si era salvato, tranne i costumi di scena. Avevano tentato una rappresentazione in chiave moderna ma era stato un disastro. Da quel momento non s'era più azzardato a sfidare la sorte.

Grimaudi, anche se si accaniva a dar colpa alla malasorte, dentro di sé sapeva di non poter attribuire agli incidenti i suoi fallimenti. Molte opere erano state colpite all'esordio da incresciosi imprevisti, eppure erano state degli acclamati successi. Era il pathos, l'emozione che non riusciva a diffondere. Non ci poteva fare nulla, quell'opera non l'appassionava. La sua antipatia si diramava a tutta l'orchestra e ai cantanti. Per anni si era roso il fegato cercando vendetta.

Ma ora aveva uomo in grado di farlo al posto suo. Con un trucco di prestigio aveva tirato fuori il coniglio dal cappello. Ed era pronto allo scontro finale con la principessa Turandot.

Usignoli

1

Grimaudi aveva appena spiegato ai musicisti la nuova impresa cui intendeva cimentarsi. L'orchestra era stata colta di sorpresa all'idea di dover suonare la "Turandot", dato che la maggior parte dell'orchestra lo conosceva da anni e comunque i trascorsi del Maestro con quell'opera erano piuttosto famosi nell'ambiente, ma era bastato che il Maestro stornasse lo sguardo posandolo su ognuno di loro per sedare tutti i dubbi. Quelli erano occhi che non accettavano intoppi, né tanto meno obiezioni.

Il progetto era una vera e propria fatica degna d'Ercole. Grimaudi intendeva fare l'en plein: direttore, direttore artistico e regista.
Gli strumenti richiesti per quell'opera erano molti, comprendevano: legni, ottoni, percussioni, archi, xilofoni e una celesta, rendendo la gestione impegnativa, ma la direzione dell'orchestra era il suo ambiente naturale, ci nuotava con sicurezza e conosceva tutti i pesci del suo stagno.
La formazione dei musicisti era cosa già fatta.
Ben altro discorso era il settore canoro.
Grimaudi non voleva gente in carriera. Il teatro possedeva contatti tra i tenori, bassi, soprani e contralti, ma il

Maestro si era ripromesso di disporre soltanto esordienti.
Il motto per la sua terza Turandot sarebbe stato "largo ai
giovani". Alla sua orchestra era stata data la versione ufficiale, cioè portare linfa nuova nel Pennacchioni. Molti
però avevano intuito la versione ufficiosa: evitare di dividere il suo trionfo con gente affermata.
Trovare gente competente, inizialmente sembrò molto
più complicato del previsto.

2

Grimaudi era circa al nono "Le faremo sapere", anche se nessuno di loro avrebbe più avuto sue notizie. Stava svolgendo la prima sessione di provini, quella riservata a Calaf il principe e si era già pentito amaramente della sua scelta di prendere degli esordienti. Dei nove candidati nessuno era risultato idoneo.

Goran, come sempre, era in sala. Durante i provini non aveva manifestato nessun segno di entusiasmo. Era annoiato almeno quanto i tre musicisti che facevano da accompagnamento agli aspiranti artisti. Grimaudi lo aveva osservato attentamente, sperando, a ogni candidato che entrava in scena, di scorgere qualche espressione di gioia o stupore. Fino a quel momento ogni tentativo dei candidati era stato vano. Poi tutto cambiò. Il decimo candidato era salito sul palco. Grimaudi aveva riconosciuto immediatamente l'espressione che si era disegnata sul viso di Goran, ma non era certo quello che si aspettava. Tranich aveva scosso la testa e aveva colto sul suo viso un sentimento che non credeva il ragazzo potesse esprimere: una chiara espressione di disprezzo.

L'aspirante tenore era entrato arrogantemente in scena. Buttò uno sguardo sprezzante ai musicisti, come a sotto-

78

lineare che l'altezza che divideva loro in platea da lui sul palco fosse il naturale ordine delle cose. Pronunciò ben scandito il suo nome e con la spocchia di chi è terrorizzato, partì a cantare "Nessun dorma".

Ci volle circa un minuto perché l'improvvisato tenore steccasse la prima volta, e meno di un minuto e mezzo perché la cosa si ripetesse. Il ragazzo era molto impegnato nel torturare quell'aria. Sul viso di Goran l'espressione era mutata. Non era più disprezzo ma autentico disgusto.

Quando Grimaudi, mosso da un'insolita ondata di pietà, lo interruppe, in tutta risposta il ragazzo se la prese con i musicisti, dandogli degli incompetenti. Il viso di Grimaudi si stava colorando di un bel rosso rabbia, segno di un improvviso scoppio di bile quando vide Goran in piedi con gli occhi negli occhi del candidato. Il pretendente aveva sostenuto lo sguardo con sicurezza, ma per troppo poco per non smascherare il bluff. Goran lo fissò ancora un istante, perché sentisse il disagio della tensione, poi con un italiano ormai quasi privo d'inflessioni dell'est disse:

– Hai sbagliato molto, il pezzo doveva essere cantato così.

Goran cantava. Cantava divinamente. Cantava con voce luminosa, colorata, che sembrava ancora migliore dopo la sfilza di voci grigie.

Grimaudi non credeva ai suoi occhi e soprattutto alle sue orecchie. Dietro di lui c'era la voce più armoniosa e potente che avesse mai sentito. Non solo, il ragazzo si muoveva con sicurezza, come se avesse recitato quell'opera migliaia di volte.

– Tu sai cantare! Perché non me l'hai detto! – gridò con tutto il fiato che aveva in gola, dopo essersi ripreso dallo shock.

Goran rispose con un'alzata di spalle accompagnata da

un sorriso.

– Dovevi dirmelo che sei un tenore! – Grimaudi non sapeva se era più stizzito o felice per la scoperta.

– Non me l'avete mai chiesto, Maestro.

Grimaudi adorava come quel ragazzo pronunciava quella parola: Maestro. Era come se ci mettesse la maiuscola nel pronunciarla. Ma quella volta sentì che quella cortesia era immeritata. Aveva dato per scontato che il dono di Goran fosse la capacità di catalizzare l'armonia dei concerti, trasformandoli in eventi magici. Chiedergli se avesse a sua volta delle doti artistiche non gli era mai nemmeno passato per la testa.

3

I provini per Calaf vennero sospesi. Il Maestro dopo essersi ripreso dalla sorpresa aveva razionalizzato l'accaduto ed era pienamente soddisfatto della piega delle cose. Aveva come tenore principale un ragazzo malleabile, che non conosceva ancora le bizze da artista. Inoltre se non si fosse mostrato all'altezza, avrebbe potuto scaricare su di lui parte della colpa dell'insuccesso.
L'unico piccolo inconveniente glielo diede Giacomo. Dato che il teatro intendeva assumerlo, Grimaudi voleva sollevarlo dal suo incarico di consulente. Giacomo si era opposto con fermezza. L'accordo prevedeva l'assunzione come consulente. La carriera artistica non garantiva il permesso di soggiorno. Inoltre nel mondo del precariato artistico, avere qualche soldo da parte era sempre comodo.
Inutile dire chi ebbe la meglio.
Giacomo però, dopo la scoperta delle doti di Goran, era stato morso da uno strano sentimento, qualcosa che ancora non aveva del tutto definito ma aveva un sapore simile all'ingratitudine.
Era rimasto vagamente offeso della mancanza di confidenza che Goran gli aveva dimostrato, dato che lui era sempre stato pronto ad ascoltarlo in ogni occasione.

Aveva deciso così d'affrontarlo e chiarire i suoi sentimenti riguardo al suo comportamento. Ancora una volta quel ragazzo riuscì a prenderlo alla sprovvista. Quando gli chiese perché non l'avesse detto almeno a lui, Goran aveva risposto candidamente: – Non potevo ancora farlo, dovevo seguire la corrente.

4

Goran aveva raccontato a Giacomo il resto della sua storia. Seppe che Tranich oltre a essere stato per anni la mascotte del teatro aveva anche imparato a cantare. Più di tutti era stato il tenore del suo Teatro a scorgere in lui un vero e proprio talento, tanto da affibbiargli come soprannome "l'usignolo".
– Questo ragazzo è incredibile – diceva al Maestro dell'orchestra. – Lui non interpreta, lui diventa i personaggi che canta. Questo ragazzo sa volare!

Un giorno il Maestro e il tenore ne furono tanto convinti che decisero fosse l'ora d'aprire la gabbia. Racimolarono tutti i loro risparmi, a cui avevano contribuito anche gli altri musicisti, li avevano consegnati a Goran e gli avevano detto di partire per la culla della Lirica.
Davanti allo sgangherato pullman che lo avrebbe portato vicino al confine, tra lacrime, sorrisi e pacche sulle spalle, il tenore gli aveva dato il suo personale addio.
– Il tuo destino, Goran, è cantare. Quando canti tu ti stacchi dal suolo e ti unisci ai tuoi simili. – gli disse prima di partire il tenore – Devi solo continuare a volare. Segui le correnti. Non farti prendere dall'orgoglio di essere

tanto bravo da volare controvento. Segui le correnti e un giorno volerai tanto in alto da non vedere nemmeno più le imperfezioni del mondo.

E Goran così aveva fatto. Aveva continuato a volare, seguendo la corrente, ed era arrivato al Pennacchioni.

L'exploit di Goran aveva colto tutti i musicisti di sorpresa. Fino a quel momento l'avevano identificato come un parassita, un criminale, o comunque un raccomandato. Ora capivano che c'era un motivo per la sua presenza lì. Cominciarono a salutarlo e a essere cordiali.
La sua popolarità crebbe a tal punto che quando Giacomo, due giorni dopo all'inaspettato provino, organizzò al centro d'accoglienza per migranti una serata alla buona per far esibire Goran, inaspettatamente sei musicisti si offrirono disponibili ad accompagnarlo.

Quella sera i profughi per qualche ora si dimenticarono le loro miserie. Ascoltavano incantati alcuni pezzi. Il concerto fu apprezzato enormemente sia dagli ospiti del centro, sia dai musicisti che si divertirono un mondo a non dover sottostare alle rigide regole dell'orchestra e potersi concedere delle piccole improvvisazioni. Tutti si diedero appuntamento per la settimana dopo, consapevoli che in breve tempo sarebbe diventato un incontro settimanale. Ma quella sera era ancora tutto in divenire e si godettero semplicemente la promessa di una nuova avventura.

6

Quell'esibizione fu una boccata d'ossigeno anche per Goran. L'esibizione al centro profughi era stata una specie di bentornato a casa dopo settimane da spettatore nel mondo della musica. Anche se controvoglia, stava diventando una piccola leggenda al Pennacchioni. Chi poteva essere più felice di lui?
Eppure, giorno dopo giorno, diventava sempre un po' più cupo. Si sentiva solo.
Goran aveva conosciuto la vita solo dentro il teatro e l'amore, sul palco, era la principale causa di morte dei protagonisti. Mieteva più vittime della peste bubbonica e dell'Ebola messe insieme. Non voleva certo correre quel rischio.
La sua era una solitudine diversa. Era la diversa angolazione con cui vedeva la realtà a disturbarlo. Nell'orchestra ora veniva rispettato ma tutti camminavano con i piedi ben piantati a terra. Facevano progetti, pensavano al loro futuro. Non che ci fosse nulla di male, ma lui necessitava dell'ebbrezza dell'aria sottile. Sentiva che aveva bisogno di un compagno di voli, un altro usignolo, come quando cantava con i musicisti in Palahniuria. Alcune volte quel desiderio era tanto intenso che dal soffitto vedeva vol-

teggiare una piccola piuma. Probabilmente una piuma
di un usignolo.

7

Lucia era poco più che una ragazza, ma aveva conservato quell'alone di fragilità tipico di chi si sta evolvendo. Lucia era ancora in trasformazione. Non nel fisico, dato che aveva ventidue anni, ma nell'animo. Come tutte le creature di primavera, ancora stava sbocciando.

Lucia era un soprano magro, che sfidava le leggi del teatro, le quali sostenevano che le cantanti di lirica debbano essere grasse, quanto le ballerine debbano essere magre. Due cose in lei erano voluminose: i suoi occhi, che sembravano finestre di cielo, e il seno, che le aveva creato non pochi grattacapi nell'adolescenza con i suoi coetanei.
E una sola cosa possente: la voce. Chi la sentiva cantare non riusciva a credere che in quello scricciolo ci stesse tanto fiato, e tanto ben modulato.

8

Lucia non era nata con l'aspirazione di diventare una cantante. Lo aveva scoperto poco a poco, anche se, col senno di poi, chiunque avrebbe intuito all'istante che quella bambina non poteva fare altro che quello. Quando le altre bambine giocavano con le bambole ricostruendo delle rappresentazioni di vita quotidiana, lei poneva i bambolotti su una scatola rovesciata a mo' di palco e invece di farle muovere, lei le faceva cantare.

La piccola era nata in Abruzzo, in un borghetto di millecinquecento abitanti. I genitori già a sei anni apprezzavano molto la sua voce, così intonata e limpida. Così un giorno il padre la accompagnò dal parroco del paese e chiese se poteva accettare la figlia nel coro della parrocchia.

– È troppo piccola, deve giocare con le bambole, non provare con il coro.

– Ma lo fa già tutto il giorno, almeno ci fa respirare le orecchie qualche ora.

– Non sono piccola! E sono più brava di te! – Intervenne la bimba con tutto il suo sdegno.

– Lucia, chiedi subito scusa a Don Peppe.

– Scusa.

Don Peppe capì dal broncio che la bambina non era

ancora granché brava a mentire.
– Beh, mi fai sentire qualcosa che ti piace?
La piccola si era illuminata – Fammi crescere i denti davanti! – E si era lanciata in una personale interpretazione della canzone dello Zecchino d'oro. Il bacino dondolava pericolosamente a destra e a sinistra. Le braccia avevano volontà propria. Ma la voce era sul pezzo.
– Intonata è intonata. Facciamo così, vieni domani pomeriggio alle quattro, con gli altri bambini. Se ti piace torni, altrimenti rimani a giocare a casa con le bambole. Inutile dire che da quel giorno le bambole godettero ben poco della compagnia di Lucia.

Il parroco aveva una vera passione verso il bel canto. In seminario aveva fatto parte del coro gregoriano e una delle sue prime iniziative al suo insediamento nel paesino di San Isidoro era stato creare un coro di voci bianche. In breve tempo, un po' grazie alle caramelle che il parroco dispensava ai bambini, un po' perché nei paesini non c'è mai molto da fare per i piccoli, il coro divenne il ritrovo pomeridiano di più generazioni. E Lucia ne divenne la reginetta. Non ci volle molto tempo perché diventasse la voce solista del coro. La bimba si dimostrò subito dotatissima. A dodici anni padroneggiava già l'arte dei picchiettati, cosa che aveva richiesto molta fatica anche alle più grandi soprano. All'età di quattordici anni chiese ai genitori di poter continuare gli studi in conservatorio, ma la risposta dei genitori fu categoria, il suo futuro prevedeva ragioneria.

I genitori erano gente semplice, contadini convinti che l'arte non desse da mangiare. Avevano condiviso i sogni della figlia finché si trattava di un hobby. Che la sua voce potesse diventare una professione, era oltre i loro orizzonti.

Lucia dopo lo shock iniziale decise che avrebbe continuato i suoi studi in privato. Divenne una studentessa modello, sempre impeccabile e con voti alti, in modo che i genitori credessero d'aver fatto la scelta migliore. Intanto lei coltivava la sua passione. Continuò a studiare i grandi soprani della storia e non solo.

Un giorno da un compagno di classe venne a conoscenza di un cantante di musica leggera, tipologia di musica non particolarmente apprezzata da lei. Quel cantante con la voce era in grado di fare ciò che voleva. Era andato oltre al semplice concetto di voce come espressione di parole e lo applicava come uno strumento. Non solo, era in grado di riprodurre più suoni contemporaneamente. Non che riuscisse a fare canzoni a due voci, ma riusciva e riprodurne fischi e piccole parti. Era il Maestro italiano della polifonia. Era Demetrio Stratos.
Lucia s'innamorò di questa avanguardia del canto e cominciò a studiarla applicandola alla lirica. Ci impiegò mesi, comprando tutti i testi disponibili e tutte le canzoni. Il giorno in cui per la prima volta due voci s'intrecciarono l'una all'altra Lucia la ricordava come il più bello della sua vita.

Due settimane dopo a quel primo successo, per poco Don Peppe non la esorcizzò. Lucia si era presentata dicendogli che aveva un pezzo nuovo da fargli sentire. Alla prima sovrapposizione di voci il parroco dette la colpa alla stanchezza. Ma la seconda volta che la sua voce di divise per intrecciarsi il parroco scattò in piedi terrorizzato.

– Figlia mia, cosa è successo alla tua voce! – E corse all'acquasantiera borbottando strane formule in latino. Lucia non capì che stesse succedendo fino a quando Don Peppe non gli si presentò davanti con un crocefisso e gli occhi sbarrati dal terrore.

– Ma che sta facendo Don? – chiese la ragazza terrorizzata almeno quanto il parroco.

– Figlia mia, sei impossessata. Un'altra voce canta con te.

– Ma non è il demonio! È proprio questo che le volevo far sentire. Ho imparato la polifonia. Don Peppe ascoltò il racconto dell'avanguardia sbigottito poi si appoggiò mollemente alla sedia. Lucia intuì la frustrazione dell'uomo.

– Don non volevo deluderla. Se mi permette di tornare le prometto che non canterò più in polifonia.

– Ragazza mia, io sono un vecchio ormai e ne ho sentite

di tutti i colori. Ma quello che tu mi
hai fatto ascoltare non l'ho mai neanche immaginato. –
Si alzò e le accarezzò la testa come quando era bambina.
– Non ho più nulla da insegnarti. D'ora in poi sarai tu a
concedermi l'onore di poterti accompagnare.

11

Lucia aveva ormai raggiunto i diciannove anni ed era arrivato il periodo degli esami di maturità. La ragazza uscì dalle Superiori con sessanta sessantesimi, ed espresse ai genitori il desiderio di studiare economia in una città lontana dove c'erano ottime università, oltre a delle eccellenti orchestre, ma questa parte se ne guardò bene dal dirla.

I genitori sapevano del desiderio della figlia d'andare fuori di casa ed erano consapevoli che quel paese era troppo piccolo per i suoi orizzonti. Nonostante gli ingenti costi e i futuri sacrifici decisero di accontentarla. Ad aiutare la famiglia fu don Peppe, che riuscì a far avere una borsa di studio a Lucia che gli permetteva di non gravare sulla famiglia. Tutto il paese fu felice per le nuove possibilità che si aprivano per la ragazza, ma nessuno sospettava che Lucia vi si stava recando per tutt'altro scopo.

12

Lontano dalla famiglia Lucia poté finalmente dedicarsi al canto e ai provini. S'iscrisse all'università d'economia e cominciò a dare con ottimi risultati i primi esami. Nello stesso tempo cominciò candidarsi per i provini nei vari teatri. Purtroppo, ebbe lo scontro con la realtà. Nel suo paese poteva anche essere un pesce grosso in quanto a talento, ma lì era soltanto un pesciolino nell'oceano. Molte ragazze erano talentuose, ma soprattutto possedevano qualcosa di cui lei era completamente sprovvista: le conoscenze. Inoltre lei era una provinciale con talento, questo era indubbio, ma pur sempre una provinciale e per di più con ancora scarse doti recitative.
Lucia non aveva intenzione però di demordere. S'iscrisse a dei corsi di recitazione e assunse un Maestro di canto. Logicamente il denaro non era sufficiente, così si trovò un lavoro come cameriera, e anche come lavapiatti a fine serata. Dopo tre mesi di studio, lezioni di canto e recitazione, la ragazza era sfinita.
I suoi risultati scolastici erano caduti in picchiata e persino la voce cominciava a dare segni di cedimento. Così prese la decisione più difficile della sua vita: abbandonare l'università.
I genitori ne furono sconvolti e la richiamarono a casa,

ma lei si rifiutò. Nel paese per una settimana non si parlò d'altro che della ingratitudine di Lucia. Solo don Peppe aveva intuito la verità e pregava ogni notte perchè non perdesse il coraggio di seguire i suoi sogni.
Le sue preghiere vennero esaudite.
Lucia aveva mandato una lettera alla famiglia e una all'intera cittadinanza, con un significato simile. Avrebbe continuato a seguire le sue aspirazioni che la appoggiassero oppure no. Alla fine i genitori cedettero, il paese trovò altri argomenti su cui sparlare e lei continuò il suo viaggio verso lo strano mondo della musica.

13

Il ristorante dove lavorava era di proprietà di Renato Gervini. Era dislocato a quattro passi dal Pennacchioni. Renato sosteneva che il ristorante fosse uno dei più antichi e che addirittura Rossini in persona avesse mangiato un piatto di amatriciana lì, cucinato dai suoi trisavoli. Renato era un appassionato dell'opera e si vantava del fatto che molti musicisti del teatro andassero da lui a mangiare. Di certo non sospettava che una sua cameriera appartenesse alla cerchia degli artisti.
Una settimana circa dopo la lettera ai genitori, Lucia stava lavorando al ristorante ed era stremata. Aveva finito di servire i tavoli da mezz'ora, e aveva cominciato il turno da lavapiatti e per sentire meno la fatica si era affidata alla panacea ufficiale e più antica della storia: il canto; ed essendo Lucia molto più stanca del solito, cantava molto più forte.
Quando Renato sentì il canto provenire dalla cucina, inizialmente credette che qualcuno avesse acceso la radio. Ma capì che la voce era troppo limpida per appartenere agli amplificatori del ristorante. Così entrò nella stanza e rimase talmente rapito dalla ragazza che si appoggiò a una pila di piatti sfracellandoli tutti a terra.
– *Porca sina vaca logia!*

– Oddio, mi scusi signor Gervini, non volevo... credevo
se ne fosse andato... la prego di perdonarmi...
– Fai bene a scusarti! Ma che cazzo ti è venuto in mente
di lavare i piatti, con quella voce!
Fu quello il dialogo, pieno di francesismi, con cui Renato
cambiò la mansione a Lucia, da cameriera-lavapiatti a
cantante. Le raddoppio lo stipendio lavorando la metà
delle ore. Era il modo di Renato di rendere omaggio
all'arte, ed essendo un ristoratore ne aveva visto anche la
possibilità di ricavarne qualcosa.
E non sbagliò. In breve tempo il ristorante divenne sia
un posto di nicchia per musicisti tanto quanto il ritrovo
fisso per chi andava a teatro, dando anche una piccola
popolarità a Lucia nella ristretta cerchia del ristorante.

Lucia era finalmente soddisfatta. Poteva fare ciò che amava e guadagnarsi persino da vivere ma il destino aveva altri piani in serbo per lei.

La fama di quella ragazza arrivò anche ai musicisti del Pennacchioni. Quando la sentirono cantare, finito il concerto, le si avvicinò uno di loro e le disse che se fosse stata interessata, il Maestro Grimaudi stava cercando dei soprani per il ruolo di Turandot, dandole poi le date delle selezioni.

Grimaudi non era stato affatto colpito dell'aspetto della ragazza. Lui voleva una cantante giunonica, e quello stecchetto con un seno decisamente sproporzionato rispetto al suo esile corpo non lo esaltava per niente.
Goran non era affatto del suo stesso parere. Appena la ragazza era salita sul palco, Tranich si era raddrizzato dalla poltrona su cui era mollemente seduto.
– Almeno ha degli istinti – aveva pensato Grimaudi notando il suo improvviso interesse, ma l'espressione di Goran non era quella di uno in preda al desiderio. Era più che altro uno sguardo tra l'interrogativo e lo stupito. Davanti agli occhi, venuta chissà da dove, gli volteggiava una piccola piuma. Probabilmente di un usignolo.

Lucia cominciò a cantare.
Una voce calda e liscia come la seta, sulla quale le parole scivolavano con eleganza, pervase il teatro.

Grimaudi ebbe un sussulto.

La ragazza era brava, forse troppo. Un brivido gli salì lungo la schiena.

Il Maestro aveva già preso accordi con un assessore comunale, per prendere una sua parente nel ruolo della principessa Turandot. Nonostante non volesse che la raccomandazione fosse palese, non vedeva perché non dare una spintarella a una ragazza con buone frequentazioni.

Man mano che continuava a cantare si accorse però che la ragazza era un autentico talento. Se non l'avesse fermata prima del finale, probabilmente sarebbe stato difficile giustificare la selezione di un'altra candidata.

Il Maestro cercò d'alzarsi in piedi per pronunciare il fatidico "perfetto, le faremo sapere" quando la mano di Goran, quasi glielo avesse letto nel pensiero, intercettò la sua spalla bloccandogli le gambe a quarantacinque gradi. Grimaudi diede un colpetto con la spalla, per far scostare la mano, ma la presa era più decisa di quello che si aspettasse.

– Aspetti Maestro e non se ne pentirà, disse Goran che gli si era appena avvicinato al suo orecchio.

Grimaudi, non trovando prontamente una giustificazione per interrompere il provino si rimise a sedere, emettendo però un sospiro indispettito.

18

Il Maestro non dovette aspettare molto perché la previsione di Goran si dimostrasse corretta. Improvvisamente alla voce di Lucia se ne intrecciò un'altra, simile ma distinta. All'inizio tutti pensarono in un rumore sovrapposto. L'effetto però andò intensificandosi con il crescente tono di voce, fino ad arrivare all'acuto. La voce di Lucia si era fatta in due, confermando l'idea che i due musicisti che stavano accompagnando i provini avevano intuito, ma si rifiutavano ancora di credere. Due voci, come le due essenze che vivevano dentro Turandot: la spietata e l'innamorata. Era come se quella ragazza riuscisse ad esprimerle entrambe, all'unisono. Avevano davanti a loro la prima cantante lirica polifonica di cui si sapesse l'esistenza.

Goran fu il primo ad alzarsi in piedi battendo le mani, ma fu subito seguito dai due musicisti e da buona parte delle altre ragazze che erano lì per l'audizione. Che Grimaudi ricordasse, era stata la prima selezione in cui una pretendente fosse eletta per acclamazione. Il Maestro aspettò che l'applauso terminasse, poi si alzò in piedi e solennemente disse:

– Signori, abbiamo trovato la nostra Turandot.
E subito ripartì l'applauso.

Le selezioni terminarono alcuni giorni dopo. Anche se gli altri attori non erano all'altezza dei due protagonisti, aveva un cast decisamente superiore a quello che si era aspettato. Inoltre non temeva nemmeno ritorsioni da parte dell'assessore dato che era comunque riuscito a piazzare la ragazza da lui "consigliata" nel ruolo di Liu, la giovane schiava.

Il gruppo si era rivelato subito affiatato. Forse per la loro giovane età, forse perché la gran parte di loro erano esordienti, o per la presenza di Goran, ma le prove filavano leggere senza complicazioni. Era veramente curioso come un gruppo di personalità così distinte creasse un'alchimia tanto armonica. I ragazzi erano quasi tutti alla loro prime esperienze e ci mettevano la spensieratezza tipica sia dei giovani che degli esordienti. Non che non si preoccupassero dei problemi, non li vedevano proprio. Musicisti e attori chiacchieravano tra loro senza nessuna distinzione di categoria, e quando qualcuno dimostrava segni d'apprensione, subito qualcuno si prodigava a spronarlo o consolarlo, a seconda delle esigenze. Il rapporto che andava sempre più consolidandosi era quello tra Lucia e Goran. I due avevano sin da subito manifestato simpatia reciproca, che con l'andare dei giorni andava via via rafforzandosi. I loro occhi si cercavano anche fuori dai tempi scenici e in breve tempo anche per loro stessi fu difficile dividere la passione simulata dell'opera dalla realtà. I loro sentimenti si muovevano leggeri, come una danza di foglie autunnali. Stava crescendo in loro qualcosa di cui non erano ancora pienamente consci, anche se tutti nel teatro ne erano consapevoli.

Carlo Mitreli, l'interprete di Timur, il re tartaro spodestato, organizzò a loro insaputa una specie di lotteria riguardante il giorno che si sarebbero baciati fuori dal palco. La cosa era difficile da dimostrare e qualcuno sostenne anche che fosse una truffa per racimolare qualche soldo extra, colpendo nell'orgoglio Carlo che ogni giorno si avvicinava con fare gigione a Goran, e poi con una strizzatina d'occhio o una gomitata nelle costole chiedeva se si fossero baciati. Ogni volta riceveva sempre la stessa silenziosa risposta: Goran diventava rosso come un tacchino e cambiava rapidamente argomento. Questa reazione veniva interpretata da Carlo con un "purtroppo no" e depennava gli scommettitori del giorno prima. L'iniziativa ebbe un tale successo che tutti nel teatro fecero almeno una puntata. Persino il portiere e Giacomo scommisero rispettivamente 15 e 10 mila lire.

21

Grimaudi a tutta questa frenesia cameratesca era esterno. Era stato già dai primi giorni messo in disparte. Il suo ruolo non era più di comando ma di controllore. Era rispettato ma non temuto. Se c'erano problemi, era a Goran che si rivolgeva il cast. Il suo dono, a quanto pareva, non riguardava solo le opere ma qualunque iniziativa a cui lui partecipasse. La dimostrazione di tale teoria erano le serate al centro d'accoglienza di Paretto. Era diventato un incontro fisso, non solo per i migranti, ma anche per tutti gli addetti del teatro. I musicisti si prenotavano per suonare, visto che lo spazio a disposizione era ristretto, ma se ce ne fosse stato, Grimaudi sospettava avrebbe suonato l'intera orchestra. La notizia si era sparsa, ed era arrivata anche ai vicini del centro e agli amici dei vicini. Tutte le sere del concerto dovevano mettere una cinquantina di sedie fuori dal centro per permettere ai curiosi di assistere al concerto. Questo interesse da parte della cittadinanza era stato subito colto da Giacomo, che ne aveva approfittato per introdurre nello spettacolo alcuni problemi che trovavano i suoi utenti. In questo modo aveva trovato lavoro a due dei suoi ragazzi, e il vicinato era decisamente migliorato.

Grimaudi inizialmente prese quell'armonia sotto-
gamba. Con l'avvento della prima era convinto che le
tensioni e i conflitti avrebbero cominciato a farsi sentire. Contrariamente alle sue previsioni, nonostante la
data della prima si avvicinasse, il gruppo ne usciva ogni
giorno rafforzato.
Il Maestro si sentì spettatore di un suo spettacolo.
*Vedremo come andrà la prima, ma se è un fallimento li
licenzio tutti, lo giuro.*
Improvvisamente si accorse che una parte di lui sperava
che la rappresentazione fosse un fiasco.

22

Il concerto invece fu un successo strepitoso. Il pubblico fu rapito dall'interpretazione, ma soprattutto dal canto degli interpreti. Goran aveva commosso buona parte del pubblico con la sua voce calda e dal timbro pulito, mentre quando Lucia si era lanciata in alcuni acuti polivocali, il pubblico aveva trattenuto il respiro, non credendo alle proprie orecchie. Il resto del cast era stato comunque all'altezza dell'esecuzione.

L'unico che non fu al livello degli artisti fu proprio Grimaudi. Per la prima volta da quando aveva diretto con Goran in una rappresentazione ufficiale non aveva avuto nessuna visione. Il suo stato mentale non era rimasto impigliato nell'ansia e nel controllo della direzione. In questo modo l'opera, che tanto aveva desiderato divenisse il suo più grande successo, gli era scivolata di mano finendo in quelle di Goran.

Il ragazzo era stato splendido, di una bravura così eccelsa da sembrare quasi ultraterrena. Quello era il termine più corretto dato che a un certo punto gli era sembrato che il ragazzo lievitasse. A metà del quarto atto ebbe la sensazione che trascinato dal pathos si fosse staccato da terra. Era durato solo alcuni secondi. Si era voltato per un istante verso il palco e aveva notato una cosa strana.

Tra le scarpe di Goran e il terreno passava della luce. Inizialmente aveva creduto in un effetto ottico, ma subito dopo l'aveva osservato decisamente meglio, tanto da sbagliare alcuni colpi nella direzione.
Goran era staccato da terra di circa un pollice.
Nessuno sembrava essersene accorto. I cantanti erano troppo impegnati a recitare per notarlo e il pubblico era in una posizione in cui era impossibile vederlo.
Dalla buca dell'orchestra invece il suo sguardo cadeva esattamente all'altezza delle caviglie degli interpreti, e per quanto si sforzasse a pensare che era impossibile, non riusciva a negare a se stesso quello che aveva visto.
Quel ragazzo era un mistero. Aveva già dimostrato di avere capacità al di fuori dal comune. Riusciva a canalizzare l'energia del pubblico nell'armonia creando dei concerti perfetti. Poi si era scoperto essere un ottimo tenore. Ora sapeva anche volare.
Era una specie di prodigio e improvvisamente si accorse di temerlo. I talenti di quel signor nessuno stavano cominciando a sfavillare e presto avrebbero potuto offuscare, anzi incenerire la sua fama.

23

C'era qualcun altro che si era accorto di quella levitazione. Giacomo, dalla sua postazione lavorativa, aveva visto e non aveva resistito a chiederglielo. Aveva portato Goran in un bar vicino al Pennacchioni, dopo il lavoro. Dopo aver parlato del più e del meno sull'andamento delle prove, alla fine si era fatto forza e gliel'aveva domandato.

– Goran, so che sembrerò pazzo, ma ti ho visto lievitare ieri sera. Prima fai diventare i concerti degli eventi unici, poi si scopre che canti, e adesso sai persino staccarti da terra? Come ci riesci?

Goran lo guardò per un istante, con l'espressione di un prestigiatore a cui è stato scoperto il tuo miglior trucco. Poi gli aveva sorriso, era ridiventato serio, e aveva cominciato a parlare.

– Il fatto è che io ho trovato la chiave.

Giacomo aveva trovato la spiegazione fin troppo evasiva, e così Goran aveva continuato.

– Quando ero in Palahniuria, il mio Maestro di teatro mi diceva che l'importante nella vita è trovare la chiave. Lui l'aveva cercata nel tasto del pianoforte. Ha cercato per anni il tasto del pianoforte che era presente in ogni canzone, ogni sinfonia o opera. Si era convinto che tro-

vandolo avrebbe aperto la porta del mondo della musica. La Chiave permetteva di percepire tutte le melodie insieme, ma non avrebbe provocato caos, tutte le melodie ne avrebbero creata un'altra, che era tutte le melodie del mondo e nessuna. C'era un problema. Doveva scegliere tra quegli ottantotto tasti con certezza assoluta. Mi disse che avrebbe potuto dichiararlo al suo cuore una sola volta. Se avesse sbagliato non avrebbe mai potuto ripeterlo. Alla fine una mattina lo fece. Era assolutisticamente certo che quel Sol era presente in ogni musica lui avesse ascoltato e amato più di tutta la sua stessa vita. In quel momento tutto cambiò, tutto divenne possibile. Non sentì solo tutte le musiche che avevano forgiato la sua anima, ma anche il suono delle stelle, il ritmo della terra, il cinguettio di tutti gli uccelli e il canto delle balene. Ma non era quella la cosa più importante che gli era successa, la cosa migliore era quello che aveva capito. Mi disse che qualsiasi tasto avesse dichiarato quella sarebbe stata la Chiave. L'importante non era quale tasto fosse, l'importante era che si credesse fermamente nella chiave.
– Goran qual è la tua Chiave? – Chiese Giacomo, senza aver ben capito quello che gli stava dicendo.
Goran sorrise con dolcezza, scrollò le spalle e si avviò a pagare il conto.
Cosa volesse dire Goran con quella frase Giacomo lo capì solo l'ultimo giorno in cui vide l'amico. Il suo significato continuò ad accompagnarlo per il resto della vita.

24

Il colpo di grazia per Grimaudi venne dalle recensioni dei critici. Lo spettacolo aveva conquistato il cuore del pubblico ed esperti. I giornali descrivevano Lucia e Goran proprio come due usignoli, riproponendo inconsapevolmente il soprannome di Goran. Uno sosteneva che i due ragazzi sapessero volare, e a Grimaudi quasi venne un colpo. Per un istante temette che qualcun altro si fosse accorto degli svolazzamenti di Goran. Invece notò con sollievo dal resto della frase che era in senso metaforico. Ma il suo sollievo durò ben poco perché poche righe sotto lesse la parte che lo riguardava il giornalista, diceva:

> *"... Grimaudi invece appariva appannato. Dava l'impressione di non aver capito fino in fondo chi e cosa sta dirigendo, al contrario dei due protagonisti che rivestono di carne l'anima dei personaggi."*

Per Grimaudi fu l'ultima goccia. Come in Frankenstein, vedeva la sua creazione rivoltarsi contro di lui. La situazione gli stava sfuggendo di mano. Doveva fermarlo.

Sapeva però che qualunque attacco rivolto a Goran avrebbe destato sospetti. Goran era il più osannato. Uno scontro diretto avrebbe creato spaccature all'interno dell'orchestra e avrebbe manifestato il suo senso d'inferiorità. Doveva colpire Goran in modo indiretto e sapeva quale fosse il suo punto debole: Lucia.

Lucia, era una ragazza forte, ma dall'animo puro. Due qualità che raramente si accompagnano al successo. La sua mente non concepiva meschinità, e questo le rendeva complicato identificare le intenzioni altrui. Non capiva la differenza di una critica costruttiva da una sfuriata feroce indirizzata a ferirla. E peggio ancora, credeva che un uomo stimato nel suo campo volesse il meglio per lo spettacolo e non concepiva che potesse avere altri fini. Per queste sue caratteristiche, e per il suo coinvolgimento con Goran, facevano di lei un bersaglio perfetto.

Dapprima il Maestro cominciò con critiche innocue nei suoi confronti: piccoli variazioni di tono, o delle imprecisioni nei gesti. Erano tutte cose senza importanza, di cui nessuno notava malizia ma servivano a incrinare la fragile sicurezza artistica che Grimaudi aveva intuito in Lucia.

Grimaudi preparava il terreno. Aveva cominciato a mettere in agitazione la sua preda e a fiaccarla, aspettando il momento di cedimento. Man mano che vedeva le difficoltà di Lucia crescere, lui rincarava la dose in pretese. Questo comportamento aveva anche un doppio scopo: criticando sempre e solo lei, stava creando distacco tra lei e Goran, senza che loro lo percepissero. Dopo alcuni giorni d'inseguimento alla fine la preda crollò. Durante una prova Lucia steccò. Non fu un errore nella tonalità, fu una stonata vera e propria. Grimaudi sfogò tutto la sua voglia di rivalsa su di lei. Inetta, incapace furono i migliori epiteti che la ragazza sentì quel giorno.
Lucia scappò dal palco singhiozzante e Goran la guardò a occhi spalancati, non avendo ancora capito che era successo. Seguendo con lo sguardo la ragazza in lacrime incrociò il volto di Grimaudi e capì dai suoi occhi fiam-

meggianti e dal leggero sorriso sulle labbra che quello
che aveva sempre considerato un nuovo mentore era in
realtà per lui un nemico.

27

Goran trovò Lucia sull'uscita di sicurezza con il viso rigato da grosse gocce salate.

– Vattene via!

Goran si fermò per un istante, aspettando che finisse di parlare, poi vedendo che era calato il silenzio ricominciò a camminare verso di lei.

– Ti ho detto d'andartene! Tu sei sempre perfetto. Io qui sono un peso per tutti!

Goran si fermò. Non disse una parola. Rimase soltanto lì a guardarla con dolcezza, poi fece un passo in avanti. Lucia ricominciò ad alzare le barricate.

– ...ho sognato tutta la vita questa possibilità. Diventare un grande soprano. Lo sapevo che non ho né il fisico né l'aspetto. Ma ero convinta che se mi fossi impegnata con tutte le mie forze ci sarei riuscita.

Goran fece un altro passo verso di lei. Era come una danza scandita da silenzi e parole.

L'avvicinamento era compito del vuoto. Le parole erano solo un intralcio. Ne mancava soltanto uno e avrebbe potuto toccarla.

– Io non dovevo essere qui! Io sono nel posto sbagliato. Dovevo studiare economia. E ora sta andando tutto in fumo! Se sono qui è solo perché tu mi hai voluta, perché mi trovi carina.

Goran fece l'ultimo passo e la circondò tra le sue braccia. Lucia per un istante cercò di divincolarsi, ma con la dolcezza che sapeva più d'invito a stringerla più forte che al distacco.

– Sai come sono arrivato qui? – disse Goran aumentando la stretta – Dentro una cella frigo. Mi avevano detto che se stavo attento potevo salire su alcuni camion di nascosto. Così un amico mi ha aperto il portellone e sono salito sul retro. Sono stato diciotto ore a meno cinque gradi. Quando hanno aperto e mi hanno chiesto da dove fossi salito non mi credevano. Sarei dovuto morire, ma non è successo. Sai perché? Ho cantato per tutte le diciotto ore. Il calore della musica mi si è acceso dentro e mi ha protetto e tenuto al caldo nonostante i miei vestiti fossero troppo leggeri.

Lucia si stava chiedendo se il racconto fosse credibile e cosa centrasse questo con i suoi dubbi esistenziali ma Goran la interruppe frettolosamente.

– Se sei viva, non devi parlare. Canta. Non importa il motivo perché canti. Per paura, odio o gioia, Non importa quanto in alto puoi andare, non importa se sei stonata. Essere vivi significa vivere le emozioni fino in fondo. Tu sei una grande cantante non perché sei perfetta. Quello che le persone come lui non capiranno mai è che dietro ogni suono c'è l'anima della persona. Un uomo potrebbe sbagliare tutte le note di una canzone, ma se il suo cuore è sincero il pubblico si commuoverà sempre. S'immedesimerà nel tuo errore e lo perdonerà. Quello che la gente non perdona è la falsità. E quelli come lui hanno fatto della falsità sul palco il loro cavallo di battaglia. Ecco perché mi ha chiamato qui. Quando ci sono io, per una volta si sente autentico. E tu lo sei ancora più di me.

Lei lo guardò negli occhi come se in quell'istante riuscisse a vederlo interamente, in tutte le sue numerose sfumature, poi lo baciò, a fior di labbra, perché subito le sue paure tornarono ad affiorare.

– Non è così. Tu non sbagli. Per te è facile dirlo.

Aveva ancora lacrime nella voce. Questa volta fu Goran a baciarla, avvicinandola a se con un movimento lento e delicato, con trasporto. Lucia si fece trasportare da lui. Poi la guardò sorridendo e le fece una promessa che aveva il sapore di una sfida.

– Domani sera te lo dimostrerò.

Lucia lo guardò con tanta forza che temette di non riuscire a sostenere lo sguardo. Poi pronunciò le uniche parole che avevano importanza per lui.

– Tornerai domani vero? Promettimelo.

Lucia gli diede un bacio delicato sulla guancia, sgusciò dalle sue braccia e s'incamminò verso l'uscita. Il corpo di Goran fu di nuovo spaventosamente solo, ridotto di nuovo a se stesso. In quel momento capì perché nell'opera, l'amore era la principale causa di morte.

Lucia era uscita dalla porta sul retro. Non voleva vedere nessuno, anzi non voleva più andare lì, ma Goran le aveva fatto promettere che sarebbe ritornata il giorno dopo alle prove.

Era come se sui suoi occhi fosse calata una patina di polvere, e ora guardare il futuro le appariva più opaco e faticoso. Ma aveva anche visto la luminosità di Goran nel suo presente. Aveva bisogno di riflettere, farsi una dormita e rivedere il palco in una nuova ottica.

Goran tornò nel teatro e notò che gran parte dei musicisti e attori se n'era andata. Grimaudi però lo stava aspettando. Aveva uno sguardo concentrato di un giocatore di scacchi che ha appena mangiato la regina dell'avversario e punta allo scacco al re.

– Ragazzo non perderci troppo tempo con quella ragazza.

Non era più "Goran", era diventato "ragazzo". Lo disse con un tono disinteressato, più da zio preoccupato per il suo benessere, che da direttore. Era molto bravo a fingere la sincerità.

– È un'artista. Tu credi che sia innamorata di te ma fra qualche mese incontrerà qualcun altro che sa cantare, ma è più famoso, e se ne innamorerà. Fidati, l'ho visto succedere migliaia di volte.

Tu devi pensare alla tua carriera.

Goran lo stava ascoltando, sforzandosi di mantenere un'espressione neutra. Grimaudi era convinto che l'aplomb nascondesse al suo interno un uragano di emozioni. Così decise di stuzzicare ancora un po' il ragazzo.

– Voi giovani credete sempre che l'amore come panacea di tutti i problemi. I problemi sanno aspettare. Quando l'effetto della passione sarà finito dovrai fare i conti con

la realtà. Sai qual è la falsità dell'amore? È che ci s'inna-
mora dell'apparenza della persona, del suo personaggio,
ma quasi mai del suo spirito.
Il significato di quella frase arrivò chiaro come il riflesso
della lama di un pugnale. Lucia provava qualcosa per
lui solo perché era in gamba e aveva un brillante futuro
davanti a sé. Lei non era alla sua altezza e sperava di
vivere di luce riflessa. Goran sapeva che quella lama era
diretta dritta al suo cuore.

Grimaudi si aspettava una sfuriata, oppure una crisi di
pianto. Aveva persino pensato che Goran avrebbe potuto
anche colpirlo, il che gli avrebbe dato anche la possibilità di cacciarlo. Contro ogni aspettativa Goran sorrise
beato. Era l'ultima reazione che si aspettava Grimaudi.
– Dobbiamo provarla, questa teoria… – disse tranquillo
e poi s'incamminò verso l'uscita.

La sera della spettacolo, dietro le quinte ognuno faceva i conti in modo diverso con la propria emotività: Lucia era evidentemente agitata e stava tormentando da mezz'ora una ciocca di capelli con le dita, un vortice tra i capelli lisci. Ancora non era uscita completamente dalla fossa buia in cui l'aveva ficcata Grimaudi.

Il Maestro, dal canto suo, lucidava ossessivamente le scarpe che ormai erano uno specchio. Era teso per la velata sfida lanciata da Goran e si chiedeva che cosa dovesse aspettarsi.

Goran era sorridente e rilassato come se nella vita non avesse fatto alto che cantare davanti a migliaia di persone.

Lo spettacolo era quasi giunto al termine. Tutto fino a quel momento stava andando come previsto. La gente estasiata ascoltava. Goran era stato impeccabile e travolgente come sempre. Lucia era stata leggermente sotto i suoi standard, ma sapendo cosa aveva dovuto affrontare, nessuno del cast aveva nulla da ridire riguardo alla sua esecuzione.

Ora la scena era tutta per Goran.

Calaf stava cantando alla notte tutto il suo amore con "nessun dorma". Più di duemila orecchi attendevano la perfezione della sua voce, nell'esprimere tutto il suo ardore.

E invece avvenne l'impensabile. Nel momento più commovente dello spettacolo, mentre la gente attendeva con il fiato sospeso, Goran steccò. Non fu un errore impercettibile, fu una nota potente e stonata, che finì in una strozzatura, quasi un rantolo. Tutto il teatro in quel momento visse un momento di oblio. Un violinista non resistette alla sua inclinazione naturale d'accompagnare i cantanti e produsse un suono graffiante, di quelli che incidono l'anima.

Grimaudi era immobile. Era come se il suo cuore si fosse fermato. Lucia, sgranò i suoi splendidi occhi di cielo, capendo all'istante il perché di quel suo gesto. Goran dall'occhio sinistro si lasciò sfuggire una lacrima, ma il suo occhio destro si chiuse per un istante. Era chiaramente un occhiolino. I loro occhi rimasero fissi gli uni negli altri, andando in un luogo tutto loro.

32

Lo spettacolo era continuato fino alla fine e ora il sipario si era chiuso. Gli attori da dietro le quinte guardarono Goran stupefatti. Si vedeva chiaramente nei loro sguardi la paura di un insuccesso.

I loro pensieri furono subito interrotti dagli applausi scroscianti. Tutto il teatro era in piedi, in una standing ovation.

Grimaudi non capiva. Goran aveva sbagliato. Aveva stonato nel momento più importante. Aveva fallito sul traguardo, e la gente lo osannava. Che lui ricordasse, mai un tenore era stato osannato per questo.

Poi Grimaudi capì.

In quell'imperfezione c'era la parte mai scritta dell'opera. C'era tutta la passione, il dolore che il personaggio aveva subito e provocato, tutte le inquietudini e le angosce. E riemergevano potenti come una cannonata. Non c'era nulla di perfetto nel dolore, la perfezione era solo nell'espressione di quel dolore.

Quel ragazzo era un genio. La gente aveva capito l'autenticità, e l'aveva premiata.

Grimaudi si accostò a Goran per ricevere gli applausi per

la direzione e approfittando del clamore lo sfidò apertamente.

– Ripetilo se ne hai il coraggio per farlo – disse con un sorriso di circostanza a denti stretti.

Goran gli rispose soltanto con un sorriso aperto e solare, come se gli avessero appena dato un'ottima notizia. Grimaudi ebbe l'impeto di colpirlo, ma il pubblico voleva credere in una perfetta sintonia tra il grande interprete e il direttore. Deglutì con disgusto la sua rabbia, rincuorandosi soltanto del fatto che presto avrebbe trovato un'occasione per farla esplodere al momento debito.

Nell'appartamento di Grimaudi sembrava fosse passato un tifone.

– Dio… – Disse lanciando la teiera di casa contro il muro. – Quanto sei ingiusto! Perché mi hai donato l'orecchio tanto perfetto se invece è la voce che tutti vogliono! Posso sentire una variazione di nota di un violino in un'orchestra barocca, conosco le potenzialità di ogni strumento per creare la giusta atmosfera, conosco tutte le opere dei più grandi compositori a menadito, e questo pezzente farebbe piangere di commozione gli angeli. Com'è possibile?!

Detto questo prese il vaso da centrotavola e gli fece fare la stessa fine della teiera.

– Tutta la mia vita ho dedicato alla musica. Ogni istante della mia vita, e sono diventato la metà di quello che avrei dovuto. Perché mi hai fatto questo?

Dio non rispose mai a quella domanda, non ce ne fu nemmeno bisogno, perché in quell'istante una parte del suo cervello si ribellò al proprietario e rispose alla sua invocazione. Dentro di lui sentì la voce di Goran che gli diceva "Tu non l'hai fatto per la musica, l'hai fatto per te!"

Grimaudi abbassò la testa e sentì che la sua rabbia stava

mutando colore. Non era più rosso sangue. Si stava scurendo e tendeva sempre più ai toni opachi. Si fermò sulla tonalità nera. Non ci volle molto per riconoscere in cosa si fosse trasformata, un autentico odio.

Passarono quattro sere prima della nuova esibizione. Grimaudi non aveva perso un istante per organizzare lo scontro finale. Aveva sfidato Goran a duello e aveva perduto. Non aveva nessuna intenzione che la cosa si ripetesse. Questa volta sarebbe stato pronto.

Il piano era semplice.
Grimaudi si era svenato per comprare due decine di posti. Aveva fatto contattare dalla biglietteria del teatro dei clienti per cedere il posto in cambio di un lauto compenso e di un altro spettacolo. Pochissimi avevano accettato. Tutti volevano sentire "gli usignoli".
Comunque una ventina di spettatori avevano accettato e per lui era sufficiente.
Al loro posto, grazie a delle conoscenze con dei dirigenti di una televisione locale aveva piazzato degli "urlatori", uomini che durante i talk show avevano il compito di incitare il pubblico. Il loro incarico quella sera era l'opposto: urlare, fischiare, schernire Goran. Secondo la sua esperienza, il resto della gente, come delle pecore lo avrebbe insultato e la carriera di Goran sarebbe finita. Sarebbe tornato nel fango dal quale era venuto.

L'avrebbe distrutto.
Avrebbe distrutto entrambi.

Lo spettacolo procedeva leggero, come una barca a vela su uno specchio d'acqua. Goran era come sempre perfetto nel personaggio. Durante lo spettacolo si permise, nei momenti più tragici, di sbagliare qualche intonazione qua e là, tanto per accrescere il pathos.
Grimaudi attendeva. Attendeva con ansia il momento in cui non avrebbe più potuto rimediare ai suoi errori.
Finalmente arrivò l'acuto lacerato e lacerante.
In quell'istante cominciarono i fischi e gli insulti.
Grimaudi sospese l'orchestra, perché il pubblico potesse assaporare ancor di più lo smarrimento del silenzio degli strumenti. Goran rimase imbambolato sul palco totalmente rintronato da quello che stava accadendo, ma non fu l'unico che non capì che cosa stesse succedendo. Il pubblico fu preso alla sprovvista dalla reazione dei facinorosi e fu per loro come una doccia fredda. Ma non tutti ebbero la stessa reazione. Seguendo le loro inclinazioni naturali, alcuni dei più reattivi si mobilitarono. Certi spettatori si affrettarono a segnalare alle maschere gli urlatori. Giacomo, dal canto suo non ebbe bisogno di segnalazioni. Ne afferrò due per la collottola e li accompagnò fuori senza troppe gentilezze. I due, vedendo la

montagna d'uomo afferrarli alla nuca, si fecero all'istante miti come cagnolini in bocca alla madre e si lasciarono cacciare fuori. Altri spettatori furono più sbrigativi, passarono loro stessi all'azione. Una vecchietta dell'alta società inseguì a borsettate un povero schiamazzatore prezzolato fino all'uscita della platea.

La vera differenza la fece il resto del pubblico. Per contrastare gli urli, il pubblico cominciò ad applaudire con tutta la forza che era concessa dalle loro braccia e a urlare tra gli applausi "Bravo" con tutto il fiato che avevano a disposizione.

In un attimo soffocarono il dissenso prezzolato.

Prima che l'opera fosse terminata, il teatro era già in ovazione.

Il volo

1

Sconfitto definitivamente, Grimaudi si spense. Smise d'andare nuovamente a teatro, ma lui stesso non sospettava certo che sarebbe diventato uno stato definitivo.

2

Francesco Proagno era un giornalista che scriveva su un giornale nazionale. Aveva assistito all'opera e si era insospettito per come si era svolto lo spettacolo, in particolare per le urla di dissenso.

Lui era seduto a fianco di uno dei urlatori ed era rimasto stupito dalla reazione di una parte del pubblico. Lo aveva colpito in particolare l'esplosione di dissenso così rapido, e coordinato.

Durante la sua carriera era stato per lungo tempo un inviato in zone calde, specialmente in America Latina. Aveva assistito a scontri, rivolte e sollevazioni popolari in piazza e tutte avevano un punto in comune: il tempo d'incubazione.

La gente prima di reagire manifestava la propria insofferenza. Sbuffava e borbottava e soprattutto cercava persone che potessero avere le sue stesse emozioni. A un certo punto una persona, dopo aver sentito sbuffi e mormorii provenienti da altre persone, interpretando il sentimento comune, si faceva coraggio e lanciava un insulto, o una provocazione verso il parlatore del momento. A quel punto molte altre voci si univano al dissenso solitario. Quello era anche il segno che nel giro di poco sarebbe scoppiata la tempesta e che era arrivato il momento di lasciare la piazza per cercare un posto sopraelevato per documentare l'avvenimento.

Questo era il naturale iter delle fomentazioni.

C'erano stati però dei casi che non si erano svolti in quel modo: senza nessun preavviso, degli individui intervenivano con la forza. In una di queste rivolte di piazza aveva anche rischiato di lasciarci la vita. Con l'esperienza aveva imparato che in quei casi non era un sollevamento popolare, ma era gestito da qualcuno abbastanza ricco da organizzare una rivolta senza correre il rischio di sporcarsi le mani. Per questo motivo pagava dei mercenari per creare una sollevazione popolare. Era però una tecnica pericolosa, perché non seguendo i malumori della folla, la gente poteva rivoltarsi contro i mercenari.

Qualcosa di simile era successo anche durante quello spettacolo. Non si poteva certo paragonare l'opera a una rivolta di piazza, ma il suo istinto aveva fiutato qualcosa e sapeva per esperienza che seguendo il suo naso di solito arrivava a una buona storia.

3

Proagno decise di fare qualche ricerca, e di partire dal punto più vicino a dove era cominciato e cioè dal suo vicino di posto. Il giornalista sapeva come farsi aprire le porte senza creare nessun clamore. Sapeva per esperienza che la maggior parte della gente si lasciava dietro non una pista, ma delle vere e proprie autostrade, specialmente se era gente che amava potere e fama. Questi soggetti erano talmente pieni di sé che non facevano nemmeno finta di cancellare le tracce.

4

Quel caso non era un'eccezione alla regola. Grazie a un discreto incentivo in denaro all'uomo che gestiva la biglietteria del Pennacchioni, era riuscito ad avere delle informazioni interessanti.

A quanto pareva il suo vicino di posto aveva acquistato il biglietto solo qualche giorno prima. Anzi, non era lui che lo aveva acquistato, ma era stato acquistato da Antonio Grimaudi. Il nome era stato poi convertito in quello dell'uomo a cui sedeva accanto. Il suo naso aveva fiutato qualcosa di tremendamente allettante.

Dietro un altro piccolo incentivo riuscì ad avere conferma dei suoi sospetti: altri ventidue biglietti erano stati acquistati da Grimaudi e poi girati ad altre persone. Si fece dare la stampata dei nomi. Non ci volle molto per scoprire che tutte le persone appartenevano a un'agenzia del mondo dello spettacolo, tutti con un ruolo ben preciso, quello di "urlatori".

Era una professione che Proagno aveva già sentito, ed erano anni che voleva scriverci un articolo, ma l'editore non aveva mai trovato la cosa interessante. Per lui era tutto l'opposto. Quella gente era pagata per incitare i concorrenti nei quiz show e scaldare il pubblico, ma

soprattutto per fare il più chiasso possibile, dando l'illusione a chi stava a casa che in studio ci si stesse divertendo da morire. Proagno aveva sempre visto questo fenomeno come una metafora di una parte della società moderna: pochi strapagati che fingevano di preoccuparsi di una marea di poveri cristi in cerca di fortuna. Intorno, una marea di persone che voleva solo assistere a un momento memorabile e tra loro un piccolo numero di finti entusiasti, che per avere un piccolo tornaconto, faceva un chiasso incredibile a favore dei pochi strapagati.
Scelse alcuni nomi a caso e li contattò per intervistarli. Sapeva per esperienza che quando uno viene pagato per fare qualcosa che va contro i suoi principi e accetta, è sempre pronto ad accettare altri compromessi. Impedire la circolazione delle informazioni in quel caso è praticamente impossibile.

Fu così che venne a sapere che gli urlatori non erano al corrente di chi avesse commissionato il lavoro, ma che dovevano urlare all'acuto finale del protagonista, solo se il tenore avesse steccato. La cosa che si fischiasse un artista che stonava, all'urlatore intervistato sembrava assolutamente naturale ma non capiva perché bisognasse pagare qualcuno per umiliarlo. Proagno lo capiva benissimo. In quel caso la steccata era un'espressione artistica, non un errore. Era comprensibile che un uomo che si guadagnava da vivere incitando il pubblico nei talk show non lo capisse, ma istintivamente il pubblico lo aveva compreso.
L'errore voluto era una scelta stilistica coraggiosa, data dal voler comunicare qualcosa, non dall'impossibilità di realizzarla. Chi voleva fermare tutto questo ne comprendeva bene la differenza e ne era intimorito. Era la stessa persona che aveva acquistato i biglietti, e aveva boicottato la sua stessa opera, e la sua stessa direzione soltanto

per eliminare un altro artista scomodo.

A Proagno non sembrava vero avere una storia del genere per le mani. Come le tragedie greche, arrivava a vette di esasperazione delle virtù e difetti umani. E lui li aveva davanti e doveva soltanto scrivere l'articolo.

5

Antonio Grimaudi direttore del Pennacchioni ha pagato gli "urlatori".

Direttore d'orchestra boicotta il suo stesso spettacolo

Oggetto dell'odio, l'interpretazione di Goran Tranich, un giovane tenore emergente.

Questo era quello che era scritto sui cartelli pubblicitari delle anteprime davanti alle edicole di tutta la città.

Travolti dallo scandalo, la dirigenza del Pennacchioni prese le distanze dal Maestro. Venuti a sapere degli strani acquisti e non volendo risultare complici di Grimaudi, si affrettarono a rimuoverlo sia come direttore artistico sia come direttore d'orchestra.

Grimaudi tentò di opporsi ma il direttivo fu irremovibile. La notizia si diffuse come le onde provocate da un sasso lanciato in uno stagno. La sua carriera al Pennacchioni era terminata.

147

6

Grimaudi si sentiva totalmente perduto. La sua pelle ingrigiva giorno dopo giorno. Le dita si facevano più ossute e nodose. La canuta chioma leonina si fece più rada e il viso era tanto emaciato da sembrare un malato terminale. In un mese sembrava candidato a diventare il cliente di un becchino. In realtà il suo fisico non stava che eseguendo quello che la sua mente gli diceva di fare. Grimaudi desiderava annullarsi: non la morte, che la considerava troppo faticosa. Sparire era il desiderio. Diventare pian piano sempre più opaco e svanire.
Dopo un mese era quasi riuscito nel suo intento. Poi un giorno, in una delle sue rarissime uscite in strada, davanti a un'edicola il suo occhio fu attratto da un articolo.

"Goran Tranich e la sua compagna Lucia Speroni portano il Pennacchioni a una nuova era di splendore"

Grimaudi ebbe sussulto. La sua fronte s'imperlò di sudori freddi.
Sentì qualcosa che si era appena staccato dal suo interno

148

e stava risalendo dal cuore fino al cervello. Al principio credeva si trattasse di un ictus. Dopo poco lo riconobbe. Era quel grumo nero che credeva sparito dopo la sua sconfitta. Invece gli era bastato che quei nomi gli tornassero in mente ed era affiorato tutto il rancore e il livore che credeva sopito. Capì cos'era che realmente voleva: quel poco che rimaneva della sua vita voleva consacrarla alla vendetta.

Non era solo verso Tranich che provava sentimenti distruttivi. Provava anche un profondo disprezzo per se stesso. Non riusciva a non pensare che se non ci fosse stata la sua smania di rivalsa verso un'opera maledetta, non avrebbe firmato la sua condanna a morte. Aveva creduto di sfruttare il suo talento nel rendere ogni spettacolo magico e invece la passione del ragazzo per la musica lo aveva travolto ed era bruciato nelle sue stesse ambizioni. Ironia della sorte, l'opera da lui diretta era stata considerata il capolavoro della stagione.
"Chi è causa del suo male pianga se stesso".
Quel proverbio continuava a tornargli in mente come un mantra. Non aveva più lacrime da versare, ormai il suo cuore si era rinsecchito. Non c'era più traccia di liquidi nel suo animo. Sola aridità.

Inizialmente aveva pensato all'omicidio. Vedeva se stesso premere il grilletto e porre fine alla vita di Tranich. Appena cominciò a organizzarlo concretamente, si accorse all'istante che tra la fantasia e la realtà c'era di mezzo il coraggio di commettere un atto terribile. Grimaudi sublimò la cosa dicendo che lui non era quel tipo d'uomo che lava le ingiustizie nel sangue. Questa sua nuova convinzione di se stesso era arrivata prima di vagliare un'altra soluzione, assoldare un killer. La cosa lo lasciò interdetto, perché gli era sembrata una buona idea ma non aveva voglia di scendere a patti con se stesso, anche perché avrebbe significato ammettere la sua vigliaccheria. Dopo non molto però capì che togliergli la vita non gli avrebbe dato alcuna soddisfazione. Lui voleva che soffrisse quanto aveva sofferto lui.
Di nuovo gli balenò l'idea di fare del male a Lucia, ma di nuovo la appena instaurata convinzione di essere un uomo nobile lo bloccò.
Decise quindi di togliere a Goran la seconda cosa che più venerava al mondo: la musica. La possibilità di esibirsi per sempre. Tornare a essere un ultimo, un paria. Quel pensiero crebbe e si diramò in diverse opzioni. Una di

queste gli fece illuminare il volto di gioia. Esaltatissimo da questa idea chiamò il suo avvocato e chiese di trovare il miglior esperto di diritto internazionale esistente. Non importava quanto sarebbe costato.

8

Il dottor Mario Ravelli era un uomo pratico e pragmatico. Lui non si occupava di cosa era giusto o sbagliato. Lui faceva solo il suo lavoro. Nella sua professione avere delle remore morali era un grosso impiccio e lui era il migliore nel suo campo.

"La moralità è una cosa che lascio ai preti e ai politici durante le elezioni. Io risolvo controversie" era una delle sue frasi a effetto preferite che snocciolava ai suoi clienti quando si facevano delle remore, e aveva contribuito alla sua fama di squalo. Era difficile dire quale fosse la sua occupazione. La sua professione era avvocato, ma la giurisprudenza non era la cosa di cui si occupava maggiormente. Lui era un aggiusta tutto.

Metteva a posto le situazioni difficili dove gli avvocati non riuscivano a trovare il bandolo della matassa e a seconda delle esigenze risolveva in un modo piuttosto che in un altro.

Eppure, dal primo sguardo, nessuno al mondo avrebbe mai pensato che quell'uomo fosse in cima alla catena alimentare. Occhialoni spessi e sguardo vitreo, i modi compassati, quasi annoiati, la carnagione che tendeva pericolosamente al cereo, davano tutta l'idea di un impiegato depresso. Era quello il mimetismo perfetto per uno dei predatori sociali più pericolosi che esistessero.

Era un uomo che aveva le mani in pasta ovunque. Lo si associava a parecchi uomini politici di varie fazioni, ma di lui non si diceva fosse amico di un politico. Non sembrava possibile che avesse amici. I politici cercavano il suo aiuto. Questo dava l'idea della sua influenza.

L'avvocato di Grimaudi si era rivolto a Ravelli, sapendo però di avere ben poche possibilità di destare il suo interesse. Invece aveva accettato il caso.

9

Grimaudi entrò nell'ufficio ed ebbe un brivido. La luce non era di casa in quella stanza. Tutto era soffuso, e in penombra. L'arredamento era in stile impero. Nonostante il fatto che su tutto il mobilio non ci fosse una sola particella di polvere, dava l'idea di vecchio e abbandonato. Dietro alla grande scrivania stava Ravelli intento a consultare una pratica.

– Si sieda pure, Maestro – disse senza sollevare lo sguardo dai fogli. Grimaudi capì subito che non era un atteggiamento per sembrare impegnato. Il dottor Ravelli non era interessato a lui. La sua presenza era soltanto funzionale per risolvere la pratica. Il suo caso era come un complicato problema algebrico cui gli altri non trovavano soluzione. – Mi hanno riferito il suo caso, e devo ammettere che l'ho trovato davvero interessante – disse mantenendo un tono di voce neutro – non mi capitano spesso casi così inusuali. Ha portato il contratto che aveva stipulato con il signor Tranich?

– Certamente, anche se non vedo che utilità possa avere, visto che è stata recisa la collaborazione. Grimaudi era intimorito da quell'uomo. Come sempre, quando era in difficoltà, aveva risposto in tono aspro e in modo vagamente aggressivo. Ravelli sollevò per la prima volta lo sguardo dalle pratiche. Lo guardò e tenne gli occhi puntati su quelli del Maestro per alcuni istanti, finché non vide i muscoli del collo del Maestro tirarsi e l'epiglottide muoversi per la deglutizione. Soddisfatto, riabbassò lo sguardo.

– Mi sono informato. Il teatro ha fatto un contratto con Tranich molto ben stipulato. Stando a quanto mi hanno detto le mie fonti c'è un ragazzo che lavora nel teatro che se n'è occupato.

Dannatissimo figlio di puttana, disse tra se pensando a Giacomo.

– Cortesemente, mi può passare il suo contratto? – Il contrasto tra la cortesia delle parole e la totale mancanza di gentilezza nella voce fece partire un altro brivido lungo la schiena a Grimaudi. Il Maestro passò i fogli con molta cautela, in modo che Ravelli non potesse interpretare un suo gesto come ostile. Ravelli non disse una parola. Si mise subito a esaminarlo con cura. D'un tratto sollevò un sopracciglio di alcuni millimetri, cosa che Grimaudi interpretò con "porca puttana, questo documento è inattaccabile".

– Molto ben scritto. Molto ben scritto. – Ripeté in dottor Ravelli, confermando il presentimento di Grimaudi.

– Non c'è nulla che si possa fare allora? – Disse Grimaudi allarmato.

– Non ho detto questo. Sul contratto ho visto il paese di provenienza del ragazzo.

– Sì, viene dalla Palahniuria – s'intromise Grimaudi e se ne pentì subito temendo che Ravelli lo guardasse di nuovo con riprovazione.

– Questo gioca a nostro favore. Quello Stato non è riconosciuto come esistente dall'Italia. – Grimaudi s'illuminò in viso. – Ufficialmente Tranich ha mentito riguardo alla sua provenienza, quindi ogni contratto stipulato non è valido.

– Quindi sarà cacciato dall'Italia?

– Esattamente. Rimpatrio immediato.

Grimaudi era raggiante.

– Lo sapevo che quell'idiota di Paretto avrebbe fatto un errore!

– Si sbaglia. Quel ragazzo ha fatto un lavoro eccellente.

– Disse con voce incolore. Grimaudi rimase immobile, intuendo in un istante quello che avrebbe pronunciato Ravelli.

– Non sia ingenuo Grimaudi. Se avesse scritto lo Stato corretto mi sarei appellato alle Nazioni Unite, all'Unione Europea, o a qualsiasi altra associazione fosse servita alla mio scopo. Quel ragazzo sarebbe stato rimpatriato comunque.

Grimaudi capì cosa aveva fatto. Lui era un uomo sanguigno, iroso e vendicativo. Ma amava il combattimento, il duello. Di colpo aveva capito che non aveva vinto, ma semplicemente comprato l'arbitro: la sfida era truccata. Era diventato quello che c'è di più ripugnante al mondo, una zecca della società.

– Qui non si tratta di onorare la legge – disse Ravelli, come intuendo il pensiero del Maestro – ma di farla rispettare nel modo che più ci aggrada.

Ravelli si aspettava una risposta da Grimaudi. Questi taceva. Ravelli ne dedusse che non aveva più nulla da dire.

– Ho discrete conoscenze verso chi di dovere. Sono sicuro che non ci vorrà più di un paio di giorni per ufficializzare l'espulsione. Entro dopodomani sera ci sarà una notifica di rimpatrio. Poi interverranno i poliziotti a inviarlo in un centro d'accoglienza e a rimpatriarlo.

Detto questo si alzò in piedi, e Grimaudi lo imitò.

– È stato un piacere Maestro. Tra qualche giorno le arriverà la parcella a casa per i miei servigi. Ora se vuole scusarmi, ho molto lavoro da svolgere. Senza porgergli la mano tornò seduto con il capo chino su altri documenti. Grimaudi prima di uscire andò in bagno e si lavò decine di volte le mani ossessivamente, senza darsi tregua. Dopo una decina di minuti se le guardò con cura e le trovò immacolate, come se non avessero mai toccato un qualche tipo di sporcizia. La cosa gli sembrò talmente ripugnante che un conato di vomito lo raggiunse prima di potersi dirigere al wc.

Quella fu l'ultima volta che si seppe di Grimaudi. Nessuno lo rivide più, semplicemente scomparve. Il suo appartamento rimase chiuso per settimane. Un giorno un vicino disse di sentire cattivi odori, di cadavere, provenire dall'appartamento. Il portiere aprì la porta e trovò delle bistecche crude putrefatte sul tavolo. Probabilmente erano state messe a scongelare prima d'andare dal dottor Ravelli.

11

Era notte e stava piovendo a dirotto. La polizia avrebbe caricato a minuti. Giacomo, come un fiero comandante stava istruendo i volontari davanti al teatro per la resistenza.

12

Da quando Goran aveva ricevuto la notifica, Paretto aveva smosso mari e monti, purtroppo senza nessun risultato. Giacomo fece tutto quello che era umanamente possibile, sia come esperto di diritto, sia come amico. La prima cosa che aveva fatto appena ricevuta la notifica, era stato correre in questura, ripetendo a se stesso che era tutto un equivoco. Quando dopo tre ore d'attesa si degnarono di riceverlo venne accusato di aver creato documenti falsi, e ci mancò poco che non venisse arrestato a sua volta.

Giacomo non era un tipo che si arrendeva così facilmente. Chiamò il giornale chiedendo di poter parlare con Proagno, ma purtroppo era partito all'estero. Chiamò allora tutti i giornali locali, ma a quanto pareva il fatto che Goran fosse tornato un clandestino, annullava sia la sua fama sia il fatto che avesse subito un'ingiustizia. Oppure c'erano poteri abbastanza forti da impedire che la notizia si spargesse.

Chiese udienza a chiunque, dal sindaco agli assessori e persino al vescovo, ma nessuno lo ricevette. La partita sembrava chiusa. Rimaneva solo d'attendere l'inevitabile.

13

Goran aveva espresso il desiderio che venissero a prelevarlo al Pennacchioni per poter stare fino all'ultimo nel luogo che più amava al mondo.

Giacomo, Goran e Lucia erano l'uno accanto all'altro seduti sul palco, con le spalle rivolte alle quinte. Tutti e tre in silenzio stavano esplorando, ognuno per proprio conto, il significato della parola "sconfitta".

Quando avvenne il miracolo. Erano le 16:00 e Giacomo sentì chiaramente la porta del teatro aprirsi. Giacomo ebbe un brivido. L'accordo con la polizia era che avrebbero prelevato Goran alle 18:00. Sia lui che l'amico avevano subito troppe ingiustizie negli ultimi giorni. Anche soltanto due ore sarebbero state un motivo sufficiente per opporsi, anche fisicamente.

Non era la polizia. Timidamente si affacciò dalla tenda il viso di Carlo Mitreli, l'interprete di Timur. Con lui c'era quasi tutto il cast teatrale e una decina di musicisti. Lucia nel vederli non riuscì a trattenere le lacrime e scoppiò a piangere. Goran s'illuminò e sorrise, come se di colpo tutto quell'ingiustizia non gli appartenesse. Giacomo si aspettava che il gruppo si avvicinasse per dare il saluto al loro collega ma si fermarono a circa tre metri da loro, in semicerchio rimanendo immobili in silenzio.

Giacomo non stava capendo. Aveva i nervi a fior di pelle e quell'attesa carica di tensione era snervante.

– Che fate lì impalati? Siete venuti a salutare Goran, no? Che qualcuno rompa il ghiaccio, per Dio!

– Salutare un cazzo, Giacomo! – disse Carlo – siamo qui per impedire che lo prendano. Lucia che aveva ancora la testa tra le mani sollevò improvvisamente il capo. Giacomo e Goran li guardavano inebetiti.

– Questa storia non deve finire così. Non è giusto. Ho chiamato tutti al teatro, e l'idea è piaciuta a molti. – Disse sorridendo soddisfatto. – Ma non è piaciuta solo a noi. Siamo andati anche al centro, dove un po' di noi si esibivano con Goran per gli immigrati. Fuori ci sono venti persone che si stanno organizzando. E ne stanno arrivando altri.

Improvvisamente Giacomo capì che cos'era quel brusio che percepiva dall'esterno. Erano bonghi, ma ricordavano molto i tamburi di guerra.

– Ma sei cretino a coinvolgerli? Quelli mica si prendono un richiamo come noi, quelli rischiano l'espulsione o la galera!

Fu in quel momento che si accorse che tra i musicisti c'erano quattro uomini con una tonalità di pelle molto più scura. Il più anziano di loro lo conosceva bene: era Ahmar, uno dei capi della comunità tunisina.

– Fratello Giacomo, tu ti sei battuto tanto per noi. Ora tocca a noi battersi per te. Tu hai aiutato tanto noi. Lui ci ha fatto ricordare quando è bello poter ascoltare, quanto è bello essere vivi. Nessuno è qui contro sua volontà. Tutti possono andare via. Ma stasera siamo qui perché è più importante la dignità, che il visto di soggiorno.

Giacomo era al centro di tutti gli sguardi. Aspettavano le sue parole. Ma tutta la sua concentrazione al momento era impiegata a trattenere le lacrime di gratitudine.

Sapeva che nonostante la buona volontà non avevano la minima idea di come comportarsi per organizzare una resistenza passiva. I poliziotti sarebbero entrati in cinque minuti senza una strategia. "Chi l'avrebbe detto che tutte quelle manifestazioni sarebbero state così utili" sorrise tra sé.

– Va bene, facciamolo.

15

Giacomo aveva mandato cinque ragazzi a radunare più felpe giacconi e maglioni pesanti possibili. Avrebbero attutito i colpi se ci fossero state delle colluttazioni. I due ragazzi a cui aveva trovato lavoro come manovali furono mandati a cercare protezioni. Tornarono con una decina di caschetti da lavoro, a cui vennero legate in cima delle folkloristiche bottiglie d'acqua per attutire l'urto nel caso a qualche testa calda partisse un colpo di manganello.

Tutti vennero istruiti. I più robusti e forti in prima linea. Questo escludeva automaticamente quasi tutti i musicisti. Alcune donne però vollero essere a capo della resistenza, dimostrando che il carattere conta più dei muscoli. A due, poco più di ragazzini, venne assegnato il compito di "liberi". Essendo molto agili e veloci, nel caso di lanci di lacrimogeni dovevano intercettarli e ributtarli al mittente.

E tutti avevano lo stesso ordine: qualsiasi cosa succedesse non dovevano reagire. Né alle provocazioni, né agli insulti, né agli sputi. Dovevano solo resistere. Per il più lungo tempo possibile.

Riuscirono a tenere il presidio per nove ore. Mentre fuori infuriava la battaglia, dentro Goran si godeva le rifiniture del teatro, toccava il legno del palco, annusava l'odore di resina. Lucia lo osservava, incapace di provare qualsiasi emozione. Aveva visto passare un minuto dopo l'altro per ore, senza sapere minimamente cosa avrebbe portato quello seguente.

Alle tre di notte Giacomo capì che non avrebbero resistito per più di un quarto d'ora. Entrò nel teatro trattenendo il fiato. Trovò Lucia addormentata sul palco, probabilmente sfinita, ma di Goran neanche l'ombra. La svegliò scuotendola con più forza di quella che avrebbe voluto imprimere. Lucia lo guardò e capì che tutto stava naufragando. Cercò Goran con lo sguardo e non lo trovò.

I due cominciarono a ispezionare tutto il teatro come dei forsennati, fino a che Giacomo non notò che la piccola botola che dava al tetto era aperta. Chiamò Lucia e i due si avventurarono sulla traballante scaletta.

Goran era sotto la pioggia a un passo dal vuoto. Guardava di sotto.

– Ti prego non farlo!

Goran si girò e Giacomo capì dallo sguardo che aveva equivocato. Stava guardando di sotto non per buttarsi. Osservava quello che succedeva in basso. Dal suo sguardo Giacomo intuì che Goran stava cercando di capire cosa stesse accadendo. Non trovava un senso a quei corpi avvinghiati gli uni agli altri. La rabbia di chi si opponeva a un'ingiustizia. La rabbia di chi non vedeva l'ora di tornare dai propri cari e doveva risolvere la situazione che probabilmente trovava ingiusta. Tutto mancava di armonia.

– È per causa mia vero?

Giacomo non sapeva che dire ne che pensare. Era la domanda più cretina che avesse mai sentito. Era ovvio che era a causa sua tutto quello che era successo nelle ultime ore, ma Goran sembrava rendersi conto della situazione solo in quel momento. Goran continuò a parlare.

– Una volta mi hai chiesto qual era la mia chiave, il mio tasto del pianoforte. La mia chiave è la gente. Sento la

loro armonia nella loro vita. Tutti hanno una musica e loro non lo sanno. Io riesco soltanto a mettere insieme le loro armonie, per questo i concerti sono eventi incredibili. Loro fanno parte del concerto e suonano con me, anche se non lo sanno. Mi è sempre successo. Solo due volte non l'ho sentita, durante i genocidi e adesso – una lacrima segnò il suo viso – sento solo rumore.
In quell'istante Lucia sbucò dalla botola.
– Non c'è più tempo per le stupidaggini, devi scappare! Goran la guardò incerto, non capendo quali fossero le stupidaggini di cui lei parlasse. Lei non fece nemmeno caso alla sua espressione e ripeté:
– Mi hai sentito? Dobbiamo scappare! Subito! Non lascerò che ti prendano!
– ….
– Preferisco morire, piuttosto che perderti. Disse sconvolta dai singhiozzi. Goran rimase in silenzio alcuni istanti. Poi allungò la mano e lei la tirò vicino a sé. Giacomo era rimasto indietro. Troppo indietro. Se si fossero sbilanciati lui non sarebbe mai riuscito ad afferrarli e non avrebbe potuto far nulla per salvarli.
Poi accadde qualcosa. Per un istante gli sembrò d'essere sordo. Non sentiva le urla in strada. Non sentiva il rumore della pioggia. Solo silenzio. E in quel silenzio percepì la voce di Goran, come se gli stesse sussurrando all'orecchio. Era a metri di distanza, ma senti chiaramente il sussurrio rivolto a Lucia: "Canta".

19

Quello che successe dopo è difficile descriverlo. I manifestanti stavano ancora difendendo l'ultimo presidio, i poliziotti stavano per espugnarlo. La pioggia scosciante rendeva tutto ancor più confuso. Poi si sentì la voce di Goran.

Nessun dorma! Nessun dorma! Tu pure, o Principessa, nella tua fredda stanza /

La voce cadde da sopra le loro teste cristallina più della pioggia. E della pioggia ebbe...

guardi le stelle / che tremano d'amore e di speranza... Ma il mio mistero è chiuso in

...l'effetto opposto: improvvisamente sentirono calore dopo tanta acqua gelata. I muscoli...

me, il nome mio nessun saprà! No, no, sulla tua bocca lo dirò, quando la luce

...s'allentavano, sempre più. I poliziotti e manifestanti

smisero di combattersi e guardarono in alto.

*splenderà! Ed il mio bacio scioglierà il silenzio
che ti fa mia.*

Due figure umane, un ragazzo e una ragazza, si sporgevano dal tetto.

*Il nome suo nessun saprà... E noi dovrem,
ahimè, morir, morir!*

Una voce femminile. Anzi due, simili ma distinte si
librarono nell'aria.

*Dilegua, o notte! Tramontate, stelle!
Tramontate, stelle!*

Gocce più grosse e calde di quelle della pioggia bagnavano il viso di molti ascoltatori.

All'alba vincerò! Vincerò! Vincerò!

Tre voci divennero una.
L'acuto durò meno di un mezzo minuto ma l'intensità
fu tale che ognuno vagò libero da se stesso in luoghi in
cui solo i bambini riescono ad andare.
E poi più niente. Né voci né figure.

In strada, lo stato d'animo che aleggiava era lo stordimento. Tutti si erano persi dai loro intenti. Oppure si
erano ritrovati.
I poliziotti non volevano combattere. I manifestanti
non volevano più resistere. Alla fine furono quest'ultimi
a prendere la decisione. Si fecero da parte e i poliziotti
entrarono nel teatro con lo sguardo puntato sul pavi-

mento.

Ma nel teatro non trovarono nessuno. Solo Giacomo seduto sul palco con le braccia semiaperte, e un sorrisetto divertito. Prima che i poliziotti gli ponessero la domanda, una scrollata di spalle fu la risposta più chiara di qualsiasi parola.

Giacomo non aveva idea di dove Goran e Lucia fossero.

Epilogo

Ci furono molte ipotesi riguardo la scomparsa di Goran
e Lucia, ma nessuna prova. C'è chi disse che Giacomo,
nelle ore di resistenza, avesse organizzato il piano B.
Dall'uscita posteriore di cui lui possedeva le chiavi pare
avesse dato l'ordine a due suoi fedelissimi del centro di
aspettare fuori con la macchina accesa. I due avevano
abbastanza conoscenze per far uscire dal paese dei clan-
destini senza che passassero dagli aeroporti o dai posti
di blocco. Si vociferava che fossero fuggiti in America
Latina.

Negli anni furono molti i presunti avvistamenti di
Lucia e Goran. Alcuni giurarono di averli visti esibirsi
in un piccolo teatro in Argentina, deliziando il pubblico
con i loro gorgheggi. Altri, che Goran fosse tornato in
Palahniuria e avesse portato con sé Lucia, insegnando ai
ragazzi di strada a cantare e a sognare un futuro migliore.
Altri ancora dicevano di aver sentito che i due si fossero
addentrati nella jungla brasiliana e che si esibissero nel
teatro diventato famoso per Fitzcarraldo, accrescendo

ancor più la loro leggenda.

Quella notte c'era anche della gente che diceva che durante l'acuto i due innamorati stessero lievitando sopra il tetto di circa mezzo metro. E quando finirono, giuravano di averli visti chiaramente schizzare in cielo, e in un istante perderli di vista tra pioggia, nuvole e oscurità. L'usignolo e la sua compagna che volavano via.

Come ho detto, ci furono molte ipotesi e molti presunti avvistamenti. Alcune, anche anni dopo, proprio davanti al Pennacchioni. Si dice che nelle notti più buie, durante i temporali o quando il gelo è così forte che raffredda anche il vostro cuore, succedano cose strane.

Se passate di lì, tirate l'orecchio. Se sentite una colorata voce maschile e due voci femminili che s'intrecciano in una sola, guardate il cielo. Se siete fortunati, per un istante potreste vedere il profilo di una ragazza e un ragazzo mano nella mano, nell'oscurità della notte, volare sopra i tetti e per un istante aver l'impressione che ci sia un'altra luna che illumina la città.

FINE

Note e appunti